Dietmar Lucas

Die Erfindung des Unglücks

Wie kam das Unglück in die Welt –

und warum ist es immer noch da?

Gestaltung und Design:

Tamara Romaniuk

design.localheroes.pl

Herstellung und Verlag:

BoD - Books on Demand, Norderstedt

ISBN: 978-3-73228-251-7

Inhalt

1 Persönliche Vorbemerkung

Das Leid anderer hat mich schon immer mit einer Wucht angesprungen, die mich erschaudern liess, mich bis tief ins Mark traf und trifft. Meinen eigenen Schmerz kann ich fassen, fühlen, kann versuchen, die Botschaft zu entziffern, die meine Seele mir zukommen lassen möchte. Beim Leid anderer bin ich letztlich hilflos, machtlos, ohnmächtig. Ich habe einen Beruf, eine Berufung daraus gemacht habe, das Leid einzelner zu lindern – aber auch das ganze Instrumentarium der Psychologie fühlt sich angesichts des Leids der Welt unendlich klein an. Es ist, wie mit einem Zahnstocher einzeln jeden Tropfen des pazifischen Ozeans aufzunehmen, auf der Spitze zu balancieren und ihn mit einem liebevollen Kuss wieder in die Weite zu entlassen – und zu wissen, mit jedem Tropfen beginne ich neu. Natürlich ist diese Aufgabe, mit der ich mich konfrontiert sehe, zu groß für mich. Aber wie kann ich mich glücklich nennen, wenn es ein Wesen auf dieser Welt gibt, das leidet? Und sehe ich nicht Leid und Schmerz, Verzweiflung und Not, wohin mein Blick auch fällt? Die Menschheit dieser Welt, die ganze Welt verlangt, schreit nach Heilung.

Also schaue ich mich um, nach Hoffnung, nach Verbündeten, nach Erfolgen. Ja, und ich sehe viele Suchende, viele Menschen, die dieselbe Not fühlen können wie ich, die sich – jede und jeder bewaffnet mit allem, was es an Heilungs- und Rettungsideen und Hilfsmitteln gibt – auf den Weg machen, schon lange vor mir auf den Weg gemacht haben. Und dann fallen Zweifel mich an. Wo, außer in schönen Worten, gesprochen in der Sicherheit eines künstlichen Nests und in einem Empfinden der eigenen Besonderheit, die diese Worte auslösen, finden sich die Erfolge? Und müssen wir nicht immer wieder die vorübergehende Besuchserlaubnis in einem solchen Nest teuer erkaufen?

Warum nur kann ich nicht den Heilsversprechen glauben, mich einfach einer politischen, spirituellen oder religiösen Bewegung, einem Weisen anschliessen und darauf vertrauen, dass „die da vorne" schon wissen, was der Weg ist? Ist es das mir mit der Milch-Flasche einge-flößte Mißtrauen gegen jegliche Autorität, ist es die schiere Unverschämtheit, mit der manche Anführer heucheln, die ausschließlich ihre eigene Gier befriedigen und dies mit abstrusesten Verrenkungen als Erleuchtung verkaufen wollen? Oder ist es nicht mindestens auch mein scharfer Blick, der das Scheitern dieser Bewegun-gen an ihren eigenen ursprünglichen Zielen konstatiert – trotz bestem Willen, höchster Disziplin und größter Entschlossenheit?

Wie gerne würde ich dem ein eigenes Rezept zur Ret-tung dieser Welt entgegensetzen, würde ausrufen: schaut auf mich, ich zeige euch den Weg. Und welche Stimmen in mir alle diese Forderung an mich stellen! Natürlich die Stimme des Mitfühlenden, der den Schmerz vom Antlitz der Welt tilgen will. Es meldet sich aber auch die Stimme, die genau dafür bewundert und gelobt werden will, eine Stimme, die dafür Belohnungen fordert. Auch eine Stimme, die Gefolgschaft, Gehorsam, Unterwerfung einfordert, weil ja ohne Entbehrungen dieser Weg nicht gangbar sei. Und eine Stimme, die dem Zweifel, ob dieses Ziel so oder überhaupt erreichbar ist, zuflüstern möchte: wenn es halt länger dauert, kannst Du ja ein paar Abstriche machen.

Und dann meldet sich mein Mißtrauen zurück. In mir selber kann ich all die Samen in ihren süßen Träumen sich wälzen fühlen, die – ausgewachsen – Fallstricke und Schlingpflanzen ausbilden werden, in denen auch ich mich unweigerlich verfangen würde.

Das lässt zwar meinen Zorn auf all die gescheiterten Gurus geringer werden, beantwortet aber nicht die Frage, wie das Leid der Welt denn nun geheilt werden kann. Es kann doch nicht sein, dass wir es als gegeben hinnehmen müssen, uns damit arrangieren müssen, dass wir selber und unsere Nachbarn auf ewig verdammt sind. Ich jedenfalls kann es nicht dabei belassen, will wenigstens versuchen, herauszufinden, was mein Beitrag zur Heilung der Wunden dieser Welt sein kann.

Und an diesem Punkt begann vor vielen Jahren meine Forschungsreise, deren erstes öffentliches Zwischenergebnis ich hiermit Ihrem und Deinem wachen und kritischen Geist und fühlenden Herz anvertrauen möchte.

2 Einleitung

Unsere Welt steuert auf eine Klima-Katastrophe von ungeheurem Ausmaß zu. Nachdem wir viele Jahre unsere Augen davor verschlossen haben, müssen wir heute entsetzt feststellen, dass wir Menschen, dass unser Verhalten wohl die Hauptursache für diese Katastrophe ist. Noch scheint es die Möglichkeit zu geben, die schlimmsten Auswirkungen zu verhindern. Dafür müssten wir "nur" unser Verhalten innerhalb von wenigen Jahren drastisch ändern. Aber genau dies scheint eine völlig unrealistische Erwartung zu sein. Immer noch steigen wir jeden Tag ins Auto, um zur Arbeit zu fahren, um einzukaufen, fliegen in den Urlaub, verwenden kostbarstes Trinkwasser, um uns die Haare zu waschen und die Toilette zu spülen. Sehenden Auges verschwenden wir die letzten natürlichen Ressourcen, vergiften diese unsere einzige Welt, heizen sie auf bis zum Kollaps.

Warum nur scheint es nahezu unmöglich, die Menschen dazu zu bewegen, dass sie ihren klugen Einsichten auch Taten folgen lassen? Das Hemd sei näher als der Rock[1], sagt man. Wenn aber der Rock schon brennt, warum tun wir immer noch nichts? Sicher, wir müssten lieb gewordene Gewohnheiten, Bequemlichkeiten, Ansprüche auf geben. Aber warum scheint dies ein Preis zu sein, den wir für das Überleben der Menschheit nicht bereit sind zu zahlen?

---

1   Damit ist die Weste gemeint, nicht der Damen-Rock, siehe etwa Gehrock für Frack

Alle Appelle scheinen ins Leere zu verpuffen, Gesetze zum Schutz der Umwelt werden schon vor ihrer Verabschiedung so verwässert, dass sie keinerlei Auswirkungen haben können. Immer wieder scheitern gute Bemühungen an egoistischen Einzelinteressen. Dem Götzen Wachstum wird unsere Zukunft geopfert. Oder wie es Eduard Simson, ein Zeit- und Leidensgenosse Bismarcks einmal formuliert hat: „dass man, um die Sache noch ein Weilchen in Gang zu halten, für ein Quäntchen Gegenwart unersetzliche Zentner der Zukunft vergeudet, das will in meinen armen Sinn nicht hinein."[2]

Wenn wir Menschen eine Chance auf Überleben haben wollen, müssen wir wohl zuerst sehr viel genauer verstehen, was uns hindert, den Weg der Einsicht auch zu beschreiten. Ist es dem Menschen angeboren, sich so rücksichtslos zu verhalten, dann besteht wohl keine Hoffnung auf eine Umkehr. Wenn aber dieses Verhalten erworben und dann weitergegeben worden ist, wenn es Traditionen sind, die zu solch katastrophalen Folgen geführt haben, dann können wir Menschen vielleicht noch rechtzeitig Wege finden, die aus dieser tödlichen Sackgasse heraus führen.

2   Zitiert nach Eyck, Erich: Bismarck und das deutsche Reich. München 1975. S. 104f

2.1 Das haben wir immer schon so gemacht

Machen wir uns nichts vor: jede auch noch so sinnvoll und dringend erscheinende Veränderung, die vor uns liegt, ist schwer (sonst wäre sie ja wahrscheinlich schon längst vollzogen). Das gilt sicher für den einzelnen genauso wie für Gruppen von Menschen. Bestehende menschliche Systeme, seien es Familien, Dörfer, Staaten oder Religionen, können überhaupt nur über eine längere Zeit existieren, wenn sie einen großen Widerstand gegen Veränderungen besitzen. Andererseits müssen sie auch in der Lage sein, Impulse von außen zu verdauen (sonst werden sie „brüchig") – sie besitzen also auch eine gewisse Veränderungsoffenheit. Dieser Stabilitätskorridor zwischen Widerstand gegen und Offenheit für Veränderungen ermöglicht das Abfedern der ständig anströmenden Veränderungsimpulse.

Einer Gesellschaft beispielsweise gelingt es entweder, abweichende Wünsche einzelner (Korruption, Verbrechen, Aussteigerwillen, Schmarotzertum) oder vieler (Umsturzversuche, Wahlniederlagen, soziale Bewegungen) zu absorbieren – oder sie gibt ihnen nach und verändert sich, bleibt nicht mehr die, die sie war. Alle Forderungen nach Neuerungen, Reformen, Veränderungen müssen geradezu zwangsläufig auf intensiven und zähen Widerstand stoßen, denn es gibt immer überzeugende Gründe, warum es es genau so ist, wie es ist.

Wie ist das jetzt zu verstehen?

Aus den Alternativen, die Menschen für ihr Verhalten und ihre Haltungen sehen, werden sie natürlich immer diejenige auswählen, die ihnen – in genau diesem Moment (mit genau diesem aktuellen Gefühlscocktail und Informationshorizont) – als die bestmögliche (aus ihrer Sicht) erscheint. Für mich wird hier ein Grundgesetz menschlichen Handelns erkennbar: Menschen handeln immer nach bestem Wissen und Gewissen. Das ist allerdings immer eine Spekulation mit vielen Unbekannten, eine Wette auf die Zukunft (hoffentlich kommt das raus, was ich mir vorgestellt habe).

Wir können nämlich – mangels hellseherischer Fähigkeiten – immer nur vermuten, was für Folgen unser Verhalten wirklich haben wird. Und auch, wenn wir es gut meinen, können wir in der Wahl unserer Mittel daneben greifen. Fehler werden dadurch erst in der Weisheit der Rückschau erkennbar, aber da sind die Kinder schon in den Brunnen gefallen.

Und es scheint keine größere Entscheidung ohne Nebenwirkungen zu geben. Will ich mehr Geld, kann ich mir überlegen, mich für eine besser bezahlte Arbeit zu bewerben und mich dort womöglich krumm zu buckeln. Ich kann auch auf die Idee kommen, eine Bank zu überfallen – mit dem hohen Risiko, dass Menschen zu Schaden kommen, dass ich erwischt werde und dann auch nichts von dem Geld habe (dass ich ja andernfalls auch sinnvollerweise nicht zu offensichtlich verprasse). Vielleicht kann ich auch einen reichen Partner finden – die sind wohl eher selten und schwer zu gewinnen und

13

vielleicht lande ich auch doch nur in einem goldenen Käfig. Ich kann eine Karriere als Popstar ansteuern – mit viel Glück werde ich eventuell für eine kurze Zeit berühmt und reich, muss mich dafür aber den Rest meines Lebens mit aufdringlichen Paparazzi und gehässigen Massenmedien herumplagen. Ich kann mir auch die Frage vorlegen: „Wozu will ich mehr Geld? Was würde ich damit erreichen?" und mich diesen Fragen solange meditativ zuwenden, bis ich vielleicht feststelle: „Ne, mehr Geld ist es nicht, was ich brauche. Ich will mehr Freundschaft in meinem Leben" (und mich aufmachen, hierzu Lösungsideen zu entwickeln...).

Das, was ich vorgestern und gestern getan habe und heute noch tue, ist wahrscheinlich schon so oft durch innere Prüfungen gelaufen, dass wir uns ziemlich sicher sind, dass es für uns irgendwie schon das Beste sein müsste.

Wünsche nach Veränderungen treffen so auf ein fein aufeinander aufbauendes System von Wechselwirkungen guter Gründe (dafür, dass es so ist, wie es ist). Je besser diese Mechanismen verstanden sind, je klarer ist, was die beharrenden Kräfte sind, umso eher besteht wohl eine realistische Chance auf Veränderung – auch, weil wir uns erst dann genauer damit beschäftigen können, wie der Weg der Veränderung denn aussehen mag.

Wie also konnte es so weit kommen, dass die Welt so aussieht, wie sie gerade aussieht? Wie konnte es kommen, dass wir Menschen auf unserer verzweifelten Su-

che nach dem Glück so viel Not und Elend als „Kolla-
teralschäden" erst produziert (oder milder gesagt: in
Kauf genommen) haben? Und die wohl ungewohnteste
Frage: Wie konnte das Unglück bei den Menschen
überhaupt erst Einzug halten?

Besser kennen wir die Frage: Wie werde ich glücklich?
Eine Klientin, die viele Jahre treu zu mir kam und unge-
duldig über ihre stetigen aber langsamen Fortschritte
war, rief einmal mit bebender Stimme aus: „Ich will
doch einfach nur glücklich sein!" Ich erinnere mich
noch an die Hilflosigkeit, die ich in diesem Moment
empfand. Was sollte ich darauf entgegnen? Ich konnte
es nur zu gut verstehen, nagte doch dieser Wunsch an
jedem, dem ich bisher in meinem Leben begegnet war.

Wie also werden Menschen glücklich? Ich konnte ihr
hier keine Antwort geben, die klassische Wendung des
Therapeuten zurück auf den Klienten (Was meinen Sie
damit, wenn Sie das sagen? Was glauben Sie denn, wo-
für das wichtig ist? Wo haben denn Sie so etwas schon
mal wenigstens ein bißchen empfunden), wollte mir –
angesichts der Dimension ihres Schmerzes – nicht über
die Lippen. Ich weiß nicht mehr genau, wie ich damals
reagiert habe, aber ihr Ausruf liess mich nicht mehr los.

Für mich war es ein erneuter Anstoß, mich wieder dieser Frage zuzuwenden; ein Weckruf, alte Texte von mir
wieder auszugraben und dieses Buchprojekt zu starten.
Inzwischen bin ich sicher, dass dieser Fragehorizont zu
klein ist. Welche Frage führt wohl weiter: Wo bekomme

ich jetzt schon wieder ein Pflaster her? oder: Wozu schneide ich mich dauernd? Sicherlich ist die Antwort auf die erste Frage hilfreich und wichtig, aber langfristig erfolgreicher wird wohl die Antwort auf die zweite Frage sein. Für unsere Zwecke sollte die Frage dann nicht heißen: „Wie werde ich glücklich und bleibe es?" sondern zuerst: „Wie bin ich so unglücklich geworden?"

2.2 Der Pfeil auf der Sehne

Nicht nur wir Menschen in der konsumorientierten westlichen Gesellschaft leben ständig unter einer ungeheuren Spannung, wie ein bis zum Anschlag aufgedrehtes Uhrwerk. Es ist die Spannung zwischen dem Zustand, den wir jetzt an uns spüren können und dem Ziel, zu dem wir streben, wo wir sein wollen (ja von Naturrechts wegen sein müssten, wie ich weiter unten zu begründen unternehme) – dem Zustand des inneren Friedens, des Glücks.

Wir sind wie ein gespannter Bogen mit uns selbst als Pfeil auf der Sehne, ohne aber zu wissen, wohin wir uns richten sollen. Die meisten von uns versuchen nun, ihrem Leben dennoch eine Richtung zu geben, die Spannung in ein Handeln zu bündeln. Wir basteln uns ein Rezept dafür, wie wir uns den Weg zum Glück vorstellen. Und in diesem blinden Streben ohne klare Wegweiser (Was genau ist das Glück? Woran kann ich erkennen, ob ich mich dem Glück nähere oder mich entferne?) entsteht entsetzlich viel Flurschaden, ungeheuer viel neues Unglück.

Wie aber konnte gerade bei den Menschen eine solche Spannung entstehen? Kann es sein, dass die Menschen sich von einem Urzustand des Glückes, der Geborgenheit und Sicherheit kläglich entfernt haben?

2.3 In diesem Buch

In diesem Buch werde ich

1. nachzeichnen, wie es zu einer weltumspannenden Tragödie des Unglücks gekommen sein könnte,

2. dabei eine Idee entwickeln, warum die vielen Glücksrezepte zum Scheitern verurteilt sind und

3. beschreiben, wie sich das Unglück immer wieder in der Seele jedes Menschen festsetzt.

4. Ich werde dabei versuchen, den Kern der menschlichen Natur in einem neuen Licht darzustellen, einige der vielen scheinbaren Widersprüche des menschlichen Verhaltens aufzulösen und

5. auch einige seelische Erkrankungen und Verstörungen, unter denen Menschen leiden, unter diesem neuen Blickwinkel betrachten.

Dieses Buch versucht also snachzuzeichnen, wie das Unglück seinen Weg in die Welt finden konnte und beschreibt die Vorgänge, mit denen wir dafür sorgen, dass das Unglück in der Welt bleibt und wir es von Generation zu Generation weitergeben.

2.4 Kein neues Glücks-Rezept

Ich werde hier nicht den Versuch unternehmen, den unzähligen Glücksrezepten noch ein neues hinzuzusfügen. Hier muss ich die – nur allzu nachvollziehbaren – Erwartungen meiner Leser bremsen. Ich kann nicht auf der einen Seite versuchen zu begründen, wie ich das Scheitern der unzähligen Glücksrezepte als zwangsläufig beschreibe und auf der anderen Seite den so ersehnten wie billigen Trost mit einem eigenen Rezept versprechen. Ich muss es hier mit Sigmund Freud halten, der einmal schrieb: „So sinkt mir der Mut, vor meinen Mitmenschen als Prophet aufzustehen, und ich beuge mich ihrem Vorwurf, dass ich ihnen keinen Trost zu bringen weiß, denn das verlangen sie im Grunde alle, die wildesten Revolutionäre nicht weniger leidenschaftlich als die bravsten Frommgläubigen."[3]

Allerdings kann vielleicht die Erkenntnis darüber, warum die bisherigen Rezepte scheitern müssen, denen, die an ihrer eigenen Unzulänglichkeit verzweifeln („es liegt nur an mir, warum ich nicht glücklich bin, ich mache alles falsch"), dennoch einiges an Entlastung bieten.

3 Freud, Sigmund: Das Unbehagen in der Kultur. Stuttgart 2010. S. 100

Vieles von dem, was ich schreibe, sind Vermutungen und Interpretationen. Dabei male ich kein heiteres, unbeschwertes Bild von unserer Welt und von unserem Umgang mit unseren so über alles geliebten Kindern. Und wie schon Alfred Adler, der Begründer der Individualpsychologie, Anfang des letzten Jahrhunderts gerne sagte: „Alles kann auch anders sein."[4] Oder wie Busch es 1882 köstlich formuliert hat: „Aber hier, wie überhaupt, kommt es anders, als man glaubt."[5]

Diejenigen unter meinen Lesern, die sich durch meine kühnen Ideen herausgefordert fühlen (ich gehe davon aus, dass es einige sein werden) bitte ich dringend, mich zu widerlegen. Wenig wäre mir willkommener als ein schlüssiger Beweis, wie die Menschheit doch auf irdisches Glück hoffen kann.

Dieses Buch wird sicher nicht jeden erreichen können (so sehr ich es mir – wie jeder Autor – auch wünschen mag). Es kann wohl diejenigen nicht berühren, die sich gerade mitten in einer euphorischen Aufbruchsstimmung in eine neue Idee befinden, wie das Glück denn diesmal zu erreichen sein müsste. Es wird auch die nicht finden, die sich allzu fest in ihren Gewißheiten eingerichtet haben, wie das Glück zu packen sei.

Aber es kann und soll die Menschen erreichen, die sich auf der Suche sehen, die – vielleicht gerade ent-täuscht

4   Adler, Alfred: Der Sinn des Lebens. Frankfurt. 2002 S. 27
5   Busch, Wilhelm: Plisch und Plum, Kapitel 3. In: ders.: Hans Huckebein
     / Fipps der Affe / Plisch und Plum. Zürich. 1974

von einer vergeblichen Glückssuche – sich umschauen und wissen wollen, warum es denn immer wieder so schwer scheint „einfach nur glücklich" zu sein.

Es will auch die Experten der verschiedensten Fakultäten herausfordern, in jeweils ihrem eigenen Bereich, in dem sie sich seit vielen Jahren bewegen und auskennen, einen vielleicht ganz neuen und ungewohnten Blick zu erproben, indem sie meine Ideen und Vermutungen in wissenschaftliche Begriffe übersetzen und gründlich prüfen.

3 Hans im Unglück

Gibt es das eine universelle Ziel der Menschen?

Eine Vorüberlegung: Jeden Tag verfolgen wir eine Menge Ziele. Viele Ziele führen – wie die Perlen auf einer Kette hintereinander gereiht – zu immer wichtigeren Zielen (Ich will zum Kühlschrank gehen; dort angekommen, will ich ihn öffnen, damit ich Nahrungsmittel herausnehmen kann, die ich dann zubereiten will, um etwas zu essen zu bekommen, dass wiederum meine Gesundheit und Stärke erhält, die ich brauche, um meine weiteren Ziele im Leben zu erreichen).

Gibt es aber so etwas wie ein universelles Ziel, ein (höchstes) Bestreben, das alle Menschen eint? Eigentlich eine erstaunliche Frage, wenn wir uns die unglaubliche Vielfalt menschlicher Bemühungen betrachten. Und dennoch — es scheint so etwas wie eine geheime Absprache zu geben, die so verschiedene Menschen wie den Punker und den Banker, den Maori und den Maoisten, den Extremisten und den Extremsportler verbindet.

3.1 Das nackte Überleben

Millionen Menschen auf der Welt haben kaum etwas anderes im Sinn, als ihr nacktes Überleben zu sichern. Sie können keine Rücksicht auf ihre Gesundheit oder gar Lebenszufriedenheit nehmen, wenn sie auf den Müllhalden der Reichen nach Resten suchen, in afrikanischen Minen unter Lebensgefahr die Metalle schürfen, aus denen unsere Handys hergestellt werden oder als chinesische Wanderarbeiter rechtlos ausgebeutet werden. Dies ist die erste Pflicht des Menschenwesens: zu überleben. Wir erkennen es als die natürliche Ordnung der Dinge, gerade dann, wenn wir von Menschen hören, die sich heldenhaft aufopfern, die ihr eigenes Überleben in die Waagschale werfen, um etwas anderes zu erreichen. „Ich könnte das nicht" wird wohl der Gedanke sein, der als erstes kommt. Märtyrer verstören uns, denn sie bringen durcheinander, was wir in unserem Kopf klar geordnet glauben: „Erst kommt das Fressen, dann kommt die Moral."[6]

Was aber geschieht, wenn der Mensch, sein Überleben gesichert hat? Wonach strebt er dann?

---

6 Brecht, Bertolt: Dreigroschenoper. 1928. Zweiter Akt, Wovon lebt der Mensch?

Menschen nehmen sich meistens als unvollständig, als unerfüllt wahr (zumindest, wenn man den allgegenwärtigen Lobpreisungen auf gerade nicht vorhandene Erfüllung Glauben schenken mag). Es ist nie genug, nicht gut genug, nicht schön genug, nicht perfekt genug. Immer scheinen die Trauben in Nachbars Garten die besseren zu sein.

Einen als so unangenehm erfahrenen Zustand versuchen wir Menschen mit allen möglichen und unmöglichen Methoden zu verändern, wir versuchen uns zu runden, zu vervollständigen, ganz, heile zu machen.

Es gibt die unterschiedlichsten Wege, diese als Leere oder Spaltung erlebte innere Spannung zu verringern – oder es wenigstens zu versuchen. Diese Wege erstrecken sich von der religiösen Erweckung über philosophische Weltformeln und politischen Utopien bis zum privaten Glücksbegehren. Das Ziel bleibt immer, sich als eine vollständige, ganze Person zu erleben. Hier liegen die Gemeinsamkeiten zwischen dem indischen Yogi, der sich in einem Meditationskick als ganz erfährt und dem U-Bahn-Surfer, der einen Adrenalinkick bekommt, wenn sein Leben bedroht ist – und sich dann erst ganz spüren kann.

3.2 Verweile doch Du Augenblick

Alle Menschen scheinen mit auch noch der letzten Faser ihres Seins jeden Augenblick ihres irdischen Lebens nach einer Verbesserung ihrer augenblicklichen Situation zu streben. Fausts Bedingung, unter der er dem Teufel seine Seele verschrieb, seine Seele gehöre ihm, wenn er einmal sagen würde: „Verweile doch du Augenblick, du bist so schön" ist ein wohl überlegter Wetteinsatz in einem exemplarisch vorgeführten sehnenden Suchen nach dem Höchsten, dessen der Mensch fähig sei.

Dieser Einsatz bringt die Spannung zwischen den Lebensweisen (Sein im Hier und Jetzt vs. Stetes sich Bemühen) auf den Punkt. Noch kann Faust den Mephisto mit diesem Einsatz täuschen, noch scheint also die Hoffnung auf wenigstens einen kurzen Moment im Hier und Jetzt nicht völlig abgeschrieben und nur ein göttlicher Trick rettet Faust im zweiten Teil, nachdem er den verhängnisvollen Satz doch ausgesprochen hatte.

3.3 Und ewig strebend sich bemühen

Eine Unzufriedenheit mit dem gegenwärtigen Zustand ist die stärkste Antriebskraft für Veränderungen.[7] Aber erst, wenn uns was überhaupt nicht mehr passt, fangen

---

7   Die Psychotherapeuten nennen diese Kraft den Leidensdruck, Regeltechniker nennen es IST-SOLL-Diskrepanz, Freudianer Triebstau, Lerntheoretiker Motivation.

wir an, uns um Alternativen zu kümmern. Solange es noch irgendwie „geht", machen wir weiter.

In der Regel läuft das dann so ab: Es gibt immer deutlichere Hinweise darauf, dass ein wichtiges Ziel nicht erreicht ist. Die Folge: es werden Anstrengungen unternommen, den Zielzustand (wieder) herzustellen – wir legen uns ins Zeug.[8] Wenn das Ziel durch die Anstrengung nicht erreicht werden kann, werden die Bemühungen verstärkt – das muss doch zu schaffen sein, nur jetzt nicht die Flinte ins Korn werfen. Wird jetzt endlich das Ziel, dass wir uns so schön vorgestellt haben, erreicht, stellen wir nur zu schnell fest, dass dahinter gleich ein nächstes Ziel wartet (und dahinter wieder eins – und noch eins: eine schier endlose Kette von Etappen). Wenn jetzt aber das Ziel – trotz aller Anstrengungen – nicht zu erreichen ist, und trotzdem wichtig bleibt, brechen wir natürlich zusammen. Beim Menschen nennen wir das dann eine Depression (s. hierzu mehr unter Kap. 10).

Wird das Glücks-Ziel tatsächlich erreicht, werden auch die Anstrengungen eingestellt. Ein Buddha, der sich von der vergeblichen Mühsal der Plackereien dieses Lebens gelöst hat, kann auch schon mal einfach unter einem Baum sitzen bleiben und seine Zeit damit verbringen, die Weisheiten, die er erfahren hat, weiterzugeben.

---

8   Das „Zeug" ist hier das Geschirr, dass einem Zugtier angelegt wird, damit es schwere Lasten ziehen kann

Wer es sich leisten kann, weil er etwa alle Ziele erreicht hat, die für ihn wichtig sind, macht wohl gar nichts außer: diesen Zustand zu genießen (eher noch: gelassen zu erleben).

Hier sind allerdings nicht die Ziele gemeint, von denen wir nur hoffen, dass sie für uns wichtig sind, Ziele, die wir uns ausgedacht haben, die uns dann letztendlich doch erst zum Glück bringen sollen.

Ich selber beispielsweise schätze Freiheit als ein sehr hohes Gut. Ich möchte mich gerne so frei halten, dass ich mich jederzeit von allem lösen kann, um dann dem zu folgen, was ich für noch glücksträchtiger halte. Also halte ich meine Bindungen flach, übe mich in Abschieden und dem Loslassen, erlebe Übergänge von einer Situation zur nächsten als sehr kurz, kann mich schnell auf Neues und neue Menschen einstellen. Ich bin aber auch immer halb „auf dem Sprung", kann mich nur schlecht ganz fallen lassen, bewege immer viele Gedanken gleichzeitig in meinem Kopf.

4 Das Glücksbegehren

4.1 Glück als höchstes Motiv des Menschen

Der Psychologe Alfred Adler sagte schon zu Beginn des letzten Jahrhunderts: „Wenn ich das Ziel ... eines Lebensplanes erfaßt habe, dann muß ich von allen Teilbewegungen erwarten, dass sie mit dem Ziel und dem

Lebensplan übereinstimmen."[9] Das klingt logisch, da gibt es ein Hauptziel, dem sich alle Teilziele unterordnen.

Wie finde ich aber das Hauptziel eines Lebensplanes heraus? Was ist wirklich wichtig im Leben? Ich habe weiter oben vorgegriffen und schon eine Behauptung über dieses Ziel aufgestellt. Hier will ich noch einmal innehalten und diese Annahme überprüfen – immerhin handelt es sich um eine ganz wesentliche Voraussetzung meiner Gedanken.

Der weise und gestrenge Lehrmeister Tod kann hier entscheidend weiterhelfen. Angesichts des eigenen Todes wird sehr schnell deutlich, welche Ziele tiefe Bedeutung haben. Liebe Leserin, lieber Leser, stellen Sie sich einmal die Frage, wie Ihr allerletzter Wunsch auf dieser Welt aussehen würde.[10] Es wird sicher nicht die neue Stereoanlage sein, oder die letzte Rate für das Eigenheim.

Jeder, der schon einmal einen Menschen beim Sterben begleitet hat, wird erkennen, welche Dramatik sich häufig auf der Schlußgeraden des Lebensweges entwickelt –

9 Adler, Alfred: Praxis und Theorie der Idividualpsychologie. Frankfurt 1930. S. 27
10 In einer therapeutischen Ausbildung haben wir folgende Übung gemacht: Alle Fenster wurden abgedunkelt, die Tür verschlossen und der Leiter machte Ansagen, während die Zeit verstrich: wir seien auf einem Schiff, die Meldung kommt, es geht unter, wir haben noch eine Stunde, eine halbe, fünfzehn Minuten. Was tun wir? Ich kam in dieser Übung sehr intensiv in Kontakt sowohl mit meinen Wünschen als auch mit den Beschränkungen, die ich mir selber auferlegt habe.

mit welcher Verzweiflung Menschen sich an ihr Leben klammern, weil sie erst jetzt erkennen können, was wirklich wichtig gewesen wäre. Und wie viele Menschen begeben sich dann in einen aussichtslosen Kampf mit ihrer schwindenden Gesundheit, um diese wichtigen Dinge vielleicht doch noch zu erreichen.

Hier zeigt sich der weise Lehrmeister von seiner gestrengen Seite. Wer seine Lektion nicht im Leben gelernt hat, muss sie im Sterben lernen.

Meine Großmutter lag jahrelang in einem Pflegeheim, künstlich ernährt, nur atmen konnte sie selber noch. Ich habe es damals nur selten ausgehalten, mich ihrem Kampf ums Leben zu stellen, zu stark empfand ich die Spannung zwischen Noch-Wollen und Nicht-Mehr-Können. Einmal sprach ich lang zu ihr, von den Aufgaben, die sie noch vor sich sehen mag, von dem Vermächtnis, dass sie hinterlässt. Ich versprach ihr, dass ich mich jetzt darum kümmen würde, dass sie loslassen könne. Ich weiß nicht, ob sie mich hören und verstehen konnte. Es war mein letzter Besuch bei ihr, bald darauf verstarb sie.

Was sind das für Ziele, die spätestens die Aussicht auf den eigenen Tod mobilisiert? Wenn ich Menschen nach ihren grundlegenden Zielen gefragt habe, musste ich oft eine Kette von Teilzielen abwandern ("Was ist das Wichtigste für dich?" - "Ich will einen guten Job." - „Wozu?" - „Damit ich mir was leisten kann." - „Was zum Beispiel?" - „Ein eigenes Haus, jedes Jahr einen tollen Urlaub." - „Was ist dann anders, wenn du all das hast?" - „Ja, äh, ... dann bin ich zufrieden." - „Wie wichtig ist Zufriedenheit für dich?" - „Absolut wichtig."). Immer wieder lande ich bei Begriffen wie Glück, Zufriedenheit, innerer (Seelen-)Frieden. In der Konsequenz sind es sozial-egoistische Ziele: „Ich will mich in mir selbst und mit anderen wohl fühlen." Annemarie Pieper[11] bringt eine pointierte Definition des Glückswunsches: „immer geht es um das Begehren von etwas, dessen Besitz vollständige Erfüllung verspricht". Wessen Leben von Krieg, Hunger oder Krankheit bedroht ist, wird allerdings kaum einen Gedanken auf das Glück oder dessen Fehlen verwenden, er hat genug mit der eigenen Existenz zu tun. Der Überlebenswille ist wohl die stärkste Kraft, die uns Menschen bewegt.

Aber nur knapp dahinter liegt die tiefe, oft quälende Sehnsucht nach Glück – das Glücksbegehren.

Diese beiden Grundtöne unseres Daseins reichen aus, um so vielfältige Melodien der menschlichen Lebensgestaltung zu erzeugen, wie wir sie jeden Tag an uns und an anderen beobachten können. Auch der große Seelen-Forscher Freud benennt als „Zweck und Absicht" der Menschen: „sie streben nach dem Glück, sie wollen glücklich werden und so bleiben."[12]

---

[11] Annemarie Pieper: Glückssache. Die Kunst gut zu leben.   München 2003 S. 9

[12] Freud, Sigmund: Das Unbehagen in der Kultur. Stuttgart 2010. S. 20

Schaue ich mich in dieser Welt unter den Menschen um, entdecke die ich überall rastlose Betriebsamkeit: Sei es beim Penner am Bahnhof, der eifrig damit beschäftigt ist, sich Alkohol zu organisieren, um aus seinem Elend vorübergehend in rosigeren Rausch entfliehen zu können, sei es bei der hungernden Mutter, die nach einer Dürrekatastrophe in Afrika ihren ausgemergelten Körper zu einer Ausgabestelle für Essen schleppt, sei es beim Bankier, der einen abgeschlossenen Milliarden-Deal mit einer glänzenden Party feiert.

Schaue ich genauer hin, reduzieren sich alle menschlichen Aktivitäten auf die eben vorgestellten zwei Bestrebungen: Erstens dem Sichern der eigenen körperlichen Existenz, dem Überleben und zweitens dem Streben nach Glück. Ist die Existenz bedroht, wird das Glück hintangestellt. Ist sie gesichert, richtet sich alle Energie auf das Glücks-Begehren.

Dies scheint ein weltweit gültiges Prinzip. Und auf diesem Weg gehen Menschen – im wahrsten Sinne des Wortes – über Leichen. Alle Grausamkeiten, die Menschen einander und der schon arg geschundenen Welt antun, lassen sich auf eine schlichte Formel bringen: was oder wer zwischen mir und meinem Glück liegt (wo ich es vermute), wird aus dem Weg geräumt.

Lasse ich meinen Blick wieder schweifen und fasse die nächsten Verwandten der Menschen ins Auge, so stelle ich verblüfft große Unterschiede fest: Menschenaffen scheinen die verzweifelteren Ausprägungen des Glücks-Begehrens nicht zu kennen.

Sicherlich liegt es nicht an der biologischen Ausprägung, die verhindert, dass Affen unglücklich sind. Sogar Hunden lässt sich neurotisches Verhalten relativ problemlos anerziehen, wie jeder Hundetrainer berichten kann, zu dem überforderte Besitzer ihre kleinen Nervensägen bringen.

Irgendwo auf dem Weg – einer lange Zeit gemeinsamen Vergangenheit – muss es daher auch zwischen Affen und Menschen zu einer unterschiedlichen Entwicklung gekommen sein. Die Menschen sind nicht von den Bäumen herunter gestiegen, sie sind wohl eher aus dem Nest gefallen, in dass sie wieder zurück wollen – mit aller Kraft und mit jeder Faser ihres Seins.

Auch in der durch schriftliche Zeugnisse nachvollziehbaren Geschichte der Menschen wird als höchstes Menschenziel immer wieder das individuelle Glück formuliert.[13]

- So verkündete Hiob, dass Gott, weil er Gott ist, den (einzelnen) Menschen glücklich zu machen habe, wenn dieser sich an die vereinbarten Regeln hält.[14]

- Platon (428/427-348/347 v. Chr.) hat in seiner Utopie Politeia eine ideale Gesellschaft beschrieben,

13   www.glücksarchiv.de: Übersichten Philosophie und Glück
14   Am klarsten in Buch Hiob, Vers 27,2

in der alles zum Besten geordnet sei, damit die Menschen glücklich sein können: „Wenn du denen, welche regieren sollen, eine Lebensweise ausfindest, welche besser ist als das Regieren, dann kannst du es dahin bringen, dass der Staat wohl verwaltet werde; denn in einem solchen allein werden die wahrhaft Reichen regieren, die es nicht an Golde sind, sondern woran der Glückselige reich sein soll, an tüchtigem und vernunftmäßigem Leben."[15]

- Aristoteles (384 -322 v. Chr.), schreibt: „Also: die Glückseligkeit stellt sich dar als ein Vollendetes und sich selbst Genügendes, da sie das Endziel alles Handelns ist."[16]

- Beim griechischen Philosophen Epikur (341 –271 oder 270 v. Chr.) soll an dessen Garten ein Schild gehangen haben: „Freund, dies ist ein guter Ort: hier wird nichts mehr verehrt als das Glück."

- Der römische Dichter Seneca (1-65 n.Chr.) bezeichnete „glücklich zu leben" als den „Wunsch aller Menschen".

- Der bedeutende Kirchenstratege Augustinus (354-430 n.Chr.) fand sein (persönliches) Glück im blinden Glauben an den Erlöser (und zitiert den römischen Schriftsteller Marcus Terentius Varro, der be-

---

15 Platon: Politeia. Siebentes Buch 106 e
16 im 5. Kapitel seiner nikomachischen Ethik (322 v. Chr.)

reits vor 2000 Jahren 288 verschiedene Lehrmeinungen über das Glück zählte).

- Anthony Ashley Cooper, der dritten Earl of Shaftesbury (1671 – 1730 n. Chr.), schrieb 1709: „Wenn die Philosophie, wie wir sie auffassen, das Studium der Glückseligkeit ist, muss dann nicht jeder, auf die eine oder andere Art, geschickt oder ungeschickt philosophieren?"

- Sigmund Freud (1856-1939) charakterisiert das Streben nach dem Glück als Zweck und Absicht des menschlichen Lebens.[17]

- Der vierzehnte Dalai Lama (geb. 1935) berichtet: „Je mehr ich von der Welt sehe, um so deutlicher wird mir, dass wir uns alle nach Glück sehnen und Leid vermeiden wollen ... Jede bewußte Handlung und in gewisser Weise sogar unser ganzes Leben, das wir uns unter den gegebenen Beschränkungen einrichten, läßt sich als Antwort auf die große Frage auffassen, die uns alle beschäftigt: Wie werde ich glücklich?"[18]

---

17 Freud, Sigmund: Das Unbehagen in der Kultur. Stuttgart 2010. S. 20
18 Dalai Lama: Das Buch der Menschlichkeit. Bergisch Gladbach 2000. S. 13

4.2 Die Werbung hat's raus mit dem Glück

Nirgendwo sieht man so viele zufriedene Menschen wie in den Werbepausen. Alle strahlen um die Wette – wenn sie erst einmal das tolle Produkt in den Händen halten. Der Neid auf die schönen, jungen und eben überaus zufriedenen Menschen in der Werbung scheint so einfach zu stillen: Ich muss nur mein Geld ebenfalls für dieses tolle Produkt ausgeben, und schon kann ich teilhaben an der strahlenden Laune.

Mit dem Wunsch nach Zufriedenheit wird für Werbemaßnahmen ein Vehikel genutzt, dass sich als außerordentlich suchterzeugend erweist. So wie ein Esel, dem die Karotte vor der Nase baumelt, auch klaglos schwere Lasten hinter sich herschleppt, so erdulden viele Menschen endlose Plackerei in geistlosen Jobs, damit sie sich dann mal etwas besonderes leisten können. „Man gönnt sich ja sonst nichts" - außer einem Schnaps, hin und wieder. „Heute ein König" - jedenfalls mit den entsprechenden Hilfsmitteln und „Unbegrenzte Lebenslust" in einem neuen Landrover.[19]

Man versetze sich einmal versuchsweise in einen Drogendealer. Er würde sich vermutlich geschmeichelt fühlen über die Anleihen, die die Werbestrategen bei seinen Verkaufsmethoden machen (und neidisch werden über die Legalität dieser Anleihe). Die potentiellen Kunden werden mit Warenproben angefixt, ihnen wird das

---

19 Oder in einem hartnäckigen lokalen Kinowerbespot für eine Kneipe: Für einen schöneren Filmriß

Suchtpotential verschwiegen, ebenso die Toleranzsteige-
rung (immer mehr, neuerer, härterer Stoff ist nötig, um
das High zu erreichen), die schädlichen Folgen werden
vertuscht. Die Drogen werden gestreckt und mit
gesundheitsschädlichen Zusatzstoffen gemischt, die die
Abhängigkeit erhöhen (Zucker, Geschmacksverstärker,
Sonderausstattung, blitzender Chrom). Ein Dealer an
jeder Straßenecke, in jedem Kindergarten und überall
flüstern die Verführer von dem geilen Trip.

Wieviel Werbung ist für das Not-wendige nötig? Wer
mit aufmerksamen Augen an den Werbeplakaten vor-
beischlendert und sich die Frage stellt, wie not-wendig
sind die Dinge, für die da geworben wird, stellt vermutlich fest, dass der Werbeaufwand immer höher wird, je
entfremdeter den menschlichen Grundbedürfnissen ein
Produkt ist.

4.3 Die kosmische Botschaft

„Aber es geht doch allen so!" Zumindest vermuten wir
das. Leibniz behauptete gar, dies sei „die Beste aller
Welten."[20] Uns fehlen Alternativen, die wir anfassen,
kritisch auseinander nehmen und dann – vielleicht –
übernehmen können.

Und weil es keine lebbare Alternative zu geben scheint,
bleibt uns doch nichts anderes übrig, als uns in dieses
unser Schicksal zu fügen, oder? Aber warum gibt es

20   Leibniz, Gottfried Wilhelm: Theodizee. 1710.

keine Alternative? Ist es nicht vielleicht so, dass die „zivilisierte" Art, das Leben zu betrachten (als eine – doch immer wieder vergebliche – Jagd nach dem Glück), eine solche verzweifelte Kraft entwickelt hat, dass alle anderen Lebensentwürfe von dieser gewaltigen Welle des „Fortschritts" weggespült wurden?

Wer jetzt sagt, hier habe sich eben die überlegenere Lebensweise durchgesetzt, der könnte auch behaupten, es sei der besser, der dem Friedlichen den Schädel einschlagen kann.

Alle menschlichen Gesellschaften, auf die wir Zivilisierten unsere Hände legen konnten, hatten irgendwann wohl nur noch die Wahl, unsere „Wirklichkeit" zu akzeptieren oder unterzugehen. Und obwohl Unzufriedenheit hinter dem Überlebenswillen nur die zweitstärkste Kraft ist, haben die meisten anderen Gesellschaften dennoch den Untergang „gewählt" – vielleicht, weil sie den Preis ahnen konnten, den eine Unterwerfung fordern würde?

Im Jahre 1972 wurde die Weltraumsonde Pioneer 10 auf eine lange Reise geschickt, die sie mit über 12 km pro Sekunde inzwischen weit über die Grenzen unseres Sonnensystems geführt hat.

Auf der Kapsel befindet sich eine Goldplakette, auf der eine Art Absenderangabe eingraviert ist. Wenn man den Aussagen der Verfasser Glauben schenkt, ist sie in einer universell verständlichen Sprache abgefasst. Nachdem die Sonde ihre Aufgaben innerhalb des Sonnensystems erledigt hat, soll sie wie eine Art kosmische Flaschenpost durch das Weltall rasen. Vielleicht könnte sie ja dereinst von anderen intelligenten Wesen aufgefischt werden.

Von der Existenz anderer Intelligenzen im Weltraum sind die entsprechenden Forscher inzwischen fest überzeugt (zumindest müssen sie sich überzeugt geben, wenn sie weiter Forschungsgelder der Regierungen für ihr kostspieliges Betätigungsfeld bekommen wollen).

Welche Erwartungen aber stecken hinter dieser Botschaft? Die Hersteller haben sich natürlich von ihren Vorstellungen leiten lassen (welche anderen hätten sie wählen können?). Wie ich meine Welt betrachte, so werden es bestimmt auch andere tun. So gehen die Forscher davon aus, dass Intelligenz bei anderen Wesen ähnlich ausgerichtet ist wie beim Menschen (zumindest bei den Menschen, die dem jeweiligen Forscher vertraut sind): nämlich auf immer mehr Erkenntnisgewinn (nach dem Motto: Wenn ich erst mal alles weiß, kann ich vielleicht auch das Glück herbei zwingen). Möglicherweise ist das ein Trugschluss. Und wenn vielleicht wirklich die Sonde eines sonnigen (?) Tages auf einer Wiese (?) direkt vor den Füßen (?) eines hochintelligenten Wesens landet, stellt er sich angesichts des Metallklumpens möglicherweise nur eine einzige Frage (so hochintelligent ist er): „Was nützt mir dieses Ding bei meinem inneren Frieden?". Möglicherweise meditiert er ein wenig über dieser Frage. Dann stellt er fest: „Ich habe inneren Frieden, also nutzt es mir nichts" - und ignoriert von da an die Botschaft aus unendlicher Ferne und Vergangenheit. Er macht sich vielleicht nicht einmal die Mühe, die Nachricht auf dem zerbeulten Schild zu entziffern.

4.4 Proteste gegen Glücksrezepte

Auf dieser unserer Welt allerdings scheinen derart gelassene Weise eher rar gesät. Auch scheint diese Welt eben nicht ideal zu sein. Hier erleben wir Zank, Streit und Krieg, Armut, Elend und Hunger. Und dennoch scheint es eine Art geheimer Übereinkunft darüber zu geben, dass die Grundprinzipien der Gesellschaft nicht angetastet werden und Widerstand dagegen überflüssig, ja schädlich ist.

Jeder Protest, der sich gegen vorgelebte Formen der Glückssuche richtet, hat allerdings ein beeindruckendes Argument für sich. Die alten Wege funktionieren doch überhaupt nicht! Ringsum sieht man verkniffene Prediger des „Normalen". Mit einer Miene wie sieben Wochen Regenwetter verkünden sie, das ihr Weg der einzige zum Glück ist. Nirgendwo allerdings erfüllen sie die Hoffnung, die sie als lebenslangen Vorschuß fordern.

Kinder in der Trotzphase, Verrückte, Verbrecher, Aussteiger, Pubertierende, Verweigerer, Extremisten sagen alle (soweit sie noch einer auch für andere nachvollziehbaren Sprache mächtig sind): „Ihr Normalos macht euch was vor, wenn ihr denkt, dass euer Weg Zufriedenheit bringt. Ich versuche einen anderen Weg und ich pfeife drauf, wie ihr das findet!" Der Einwand der Angepassten „das machen doch alle so" klingt dann in den Ohren der Protestierer wie der Sponti-Spruch: „Fresst Scheiße, Millionen von Fliegen können nicht irren."

4.5 Zyklus der Glücksrezepte

Aber auch die Abweichler geraten bald in einen Teufels-Kreislauf des Glücksbegehrens. Die eine – nur allzu klar gefühlte – Sicherheit (so, wie ihr das Glück versucht, geht es nicht) wird gegen eine neue Hoffnung eingetauscht (jetzt mache ich es aber richtig, so finde ich jetzt aber bestimmt mein Glück). Solange diese nicht zu gründlich enttäuscht wird (nicht zuletzt durch die immer drastischeren Strafen, die diese Gesellschaft für Abweichler bereithält), wird munter drauflos gestapft, werden gewaltige Berge an Hindernissen angegangen und bewältigt. Je nach Sensibilität und Ausdauer währt diese neue Hoffnung unterschiedlich lange.

Jeder neue Erlösungsgedanke durchleidet die Phasen des hoffnungsvollen Aufbruchs gegen härteste Widerstände der alten, als Irrtümer entlarvten Heilsversprechen, der hoffnungsvollen Blütezeit mit einer getreuen und folgsamen Anhängerschar, einem Zug ins gelobte Land unter großen Opfern und dann den Zeiten von Zweifel, in denen der reine Glaube gegen Anfechtungen immer mühsamer und umso drastischer verteidigt wird, je heftiger die Stürme um das neue Zion toben. Neue

Enttäuschungen sind vorprogrammiert, neue Wege werden gesucht (oder es werden die alten wieder aufgegriffen) – aufgeben kommt allerdings lange nicht in Frage.

Wir bleiben unser ganzes Leben lang Pilger auf der Suche nach der Erlösung. Wer wirklich keine Hoffnung mehr hat, dass es irgendeinen gangbaren Weg zur Erfüllung gibt, der wird sicher früher oder später mit dem Selbstmord liebäugeln. Aufgeben ist tödlich.

Die Hoffnung stirbt zuletzt, heißt es wohl nicht zu Unrecht. Vielleicht stimmt ja auch: Sobald die Hoffnung stirbt, stirbt der Mensch – weil er sich erst dann aufgibt. Wer noch einen letzten Funken Hoffnung auf Glück (sei es irdisch oder im Jenseits) hat, klammert sich auch an ein elendes Leben – vielleicht kommt die rettende Fee, die Erlösung, die Belohnung für die Mühsal ja doch noch.

4.6 Glücksratgeber

Ratgeber, wie man das Glück erreichen könne, gibt es wie Sand am Meer. Viele sind Bestseller geworden. Das beweist wiederum das hohe Interesse der Menschen an diesem Thema. Pieper fragt sich und den Leser sogar, ob es „überhaupt noch etwas Neues, bisher Ungesagtes zu diesem Thema" zu sagen gebe.[21] Das hindert aller-

21 Pieper, Annemarie: Glückssache. Die Kunst gut zu leben. München 2001. S. 9

dings auch sie nicht daran, es noch einmal zu versuchen. Warum aber gibt es immer wieder neue "Glücksformeln"? Alle diese Tipps und Regeln haben einen entscheidenden Schönheitsfehler gemeinsam: Sie gehen nicht auf. Alle diese gutgemeinten und wohlüberlegten Ratschläge funktionieren nicht. Oder sehen Sie die Scharen von Glücklichen, die ich in meiner Griesgrämigkeit übersehen habe?

Wie kann das sein? Haben sich nicht die besten Geister eines jeden Zeitalters an diesem Thema versucht? Sind die denn alle miteinander dumm gewesen? Natürlich nicht. Und dennoch erscheint jedes Leben ein neues verzweifeltes Experiment in die gleiche Richtung, startet wieder wie bei Null.

Wer daran zweifelt, mag sich einmal die Frage stellen: wie viele verschiedene Anleitungen es braucht, um einen Apfelbaum zu pflanzen? Tausende? Sicher nicht.

Wir Menschen sind aber doch ganz unterschiedlich – vielleicht gibt es ja viele Wege, die hier nach Rom führen, mögen Sie einwenden.

Aber wenn auch nur eines dieser Glücksrezepte wirklich für eine breite Masse funktioniert hätte, müssten wir das dann nicht erkennen können? Glück, dass ich als Menschenrecht verstehe, kann doch nicht nur ein paar Erleuchteten vorbehalten sein!

4.7 Zum Glück geboren

Ich lege diesem Text eine Annahme zugrunde: dass der Mensch zum Glück geboren ist. So selbstverständlich wird Glück als das höchste Ziel des Menschen angenommen, sei es von Philosophen, sei es von Theologen oder Politikern, dass es heute nur selten noch der Erwähnung wert scheint. Die Gelehrten stritten und streiten sich hingebungsvoll über den einzigen, richtigen oder moralischen Weg zu diesem Lebensziel. Aber auch die wohlmeinende Nachbarin, der Psychologe und die Werbeindustrie beteiligen sich mit guten Ratschlägen an dieser heroischen Aufgabe.

4.8 Wo sind die Glücklichen?

Irgendwo aber scheint in der ganzen Angelegenheit ein hartnäckiger Wurm zu stecken, den auch die klügsten Köpfe bisher nicht dingfest machen konnten. Trotz all der noch so brilliant ausgetüftelten Ideen und deren willigster Befolgung, scheint die Quote der wahrhaft glücklichen Menschen so verschwindend gering, dass sich ganze Expertengruppen damit zu retten versuchten, das menschliche Glück, die menschliche Erlösung in nicht überprüfbare Zukunften zu verlagern (etwa das Himmelreich Gottes oder der wahre Sozialismus, der auf Erden nur durch das Jammertal der Diktatur des Proletariats erreicht werden könne).

4.9 Historische Abfolge der Glücks-Rezepte

Es lassen sich durch die Menschheitsgeschichte ganz unterschiedliche Glücksrezepte identifizieren, von Mythologien über religiöse Modelle, politischen Vorstellungen, philosophisch-wissenschaftlichen Lösungsideen bis hin zu privaten Glücksrezepten.

Mythologie und Religion

Als früheste Versuche, dem Unglück des Menschen eine Tröstung gegenüberzustellen, lassen sich wohl die Mythologien verstehen. Sie stellen den Menschen wieder zurück in einen sinnvollen, geordneten Zusammenhang, bringen die ver-rückte Welt wieder in Ordnung. Es sind dabei nicht die Menschen selber, die sich das Unglück alleine angetan haben, sondern höhere Wesenheiten bestimmen die Geschicke der Welt. Ihnen muss der Mensch sich unterordnen und wenn er das tut, wenn er den Regeln folgt, die ihm gegeben werden, kann er sich des Trostes einer nachvollziehbaren Existenz gewiss sein.

In verschiedenen Mythologien kann man den Übergang einer Sammler/Jäger-Gesellschaft zu einer sesshaften Kultur noch erkennen. Während früher vielfach Wild-Pflanzen und Wild-Tiere verehrt wurden, wird dann mit der Anbetung der Sonne der Jahreszyklus als der zentrale bestimmende Faktor des Ackerbauern in den Mittelpunkt gerückt.

Eine Personifizierung der höheren Wesenheiten als menschenähnlich gedachte Göttinnen und dann auch Götter markiert den sicher unscharfen Übergang von mythologischen zu religiösen Vorstellungen. Auch sie haben eine deutlich tröstende Aufgabe, auch sie sollen dem Menschen einen Halt in einer als ansonsten chaotisch, ungeordnet und bedrohlich erlebten Welt geben.

Wohl in Griechenland lösen sich systematische Weltvorstellungen dann zum ersten Mal als Philosophie von einem Götterbild, indem sie Grundprinzipien einer Weltordnung vorstellen und lebhaft diskutieren. Auch hier geht es immer wieder um das Glück einer ordentlichen Welt.

Die Philosophie hat lange Zeit neben der Religion koexistiert, vielleicht als Spielart des Trostes für die intellektuelle Oberschicht, die sich nicht mehr mit dem Trost der Religion für die breite Masse zufrieden geben mochte. Erst später als Wissenschaft wird sie eine Bedrohung für die Götter, weil sie deren Glaubenssätze der Reihe nach entzaubert.

Religionen haben sich lange Zeit nur gegen andere Götter wehren müssen. Seit der sogenannten Aufklärung ist der neue Glaube an die Wissenschaft, den Fortschritt, die Herrschaft der Vernunft, der ärgste Feind. Auf den zertrümmerten Altären der Religion regieren nun die Weißkittel, predigen die Machbarkeit des irdischen Glückes und mussten sich bereits an Umweltzerstörung, Armut und Wettrüsten messen lassen.

Aber die Religiosität ist nicht ausgestorben. Und weil die etablierten Kirchen auf den Wunsch nach Erweckung heute keine überzeugende Antwort mehr finden, strömen die Menschen mit ihrem Glücksbegehren zu Priestern unzähliger exotischer Religionen von Baghwan bis Yoga.

Und auch radikalisierte Formen der Religiosität finden einen erheblichen Zulauf, besonders dort, wo sie das Heilsversprechen wieder in den Mittelpunkt stellen oder sich im Dienst einer politischen Herausforderung sehen. Religion wäre dann eine Fortsetzung der Politik mit anderen Mitteln.[22]

Politische Utopie

Die Suche nach dem besten Weg für die Menschen findet sich auch in politischen Weltentwürfen von Thomas Morus über die Ideale der französischen Revolution (Gleichheit, Brüderlichkeit und Freiheit) bis hin zu der politischen Utopie einer sozialistischen Gesellschaft, in der alle gleich und alle identifizierten Ungerechtigkeiten aufgehoben sind.

Anarchisten haben besonders zu Beginn des 20. Jahrhunderts die Theorie aufgestellt, dass die Aufhebung aller Machtverhältnisse die Möglichkeit eines friedlichen

---

22 Analog zu dem Satz: „Der Krieg ist eine bloße Fortsetzung der Politik mit anderen Mitteln" von Carl von Clausewitz: Vom Kriege I, Buch 1. Berlin 1832-1834. Kapitel 1, Unterkapitel 24.

(und glücklichen) Zusammenlebens aller Menschen ermöglicht.

Und auch heute noch versprechen Politiker aller Couleur den Menschen ein besseres Leben und blühende Landschaften.[23]

An der Einlösung ihrer Versprechen sind die selben Politiker allerdings immer schon gescheitert – und haben ein ganzes Arsenal an Entschuldigungen und Erklärungen dafür gesammelt. Der besiegte politische Gegner habe ihnen einen Trümmerhaufen hinterlassen, den es zuerst aufzuräumen gelte, er mache ihnen auch jetzt noch das Leben schwer, die normative Kraft des Faktischen sei zu bedenken und außerdem sei nie genug Geld da, erst müsse die Wirtschaft wachsen[24], dann könne man weitersehen.

Privates Glück

Die heutigen westlichen Gesellschaften haben mehrheitlich resigniert zur Kenntnis genommen, dass das Glück nicht mehr in der religiösen Erleuchtung, in philosophischen Traktaten aber auch nicht in politischen Utopien oder der Entdeckung der Weltformel durch die Wissenschaft zu finden ist.

---

23 wahrscheinlich war dies ein nur allzu wahres Wort: dort, wo keiner mehr leben kann, weil es keine Arbeit gibt, holt sich die Natur zurück, was ihr entrissen worden war

24 Bis wohin dieses Wachstum eigentlich führen soll, traut sich allerdings keiner der Wachstums-Seligen zu benennen – sonst würde wohl allen klar werden, dass jedes Wachstum irgendwann zuende sein muss.

Sie haben dem Einzelnen die Verantwortung für sein eigenes Glück wieder zugeworfen: er möge sich selber bitte auf den Weg machen, ein privates Glück anzusteuern, sei es als Karriere, als Bild vom trauten Glück zu zweit, als Macht, mit der die Welt aus den Angeln zu heben sei, als endlose Freiheit.

Die am weitesten verbreitete Formel für ein privates Glücks lässt sich sicher in der Idee der romantischen Liebe identifizieren. Irgendwo auf dieser Welt, so besagt die Idee der romantischen Liebe, gibt es den einen Menschen, der mein Glück in seiner Tasche hat. Ich muss ihn nur finden und dazu bringen, es herauszurücken. Dazu begebe ich mich auf eine Suche nach dem oder der Richtigen.

Damit dieser Traumpartner anspringt, muss ich mich ausreichend attraktiv präsentieren (was gleich mehreren Industriebranchen ein Einkommen sichert – von Kosmetik-, Fitneß- und Modeindustrie bis zur Schönheitschirurgie).

Und wir erleben tatsächlich so etwas wie Glück: einen Rausch der Verliebtheit, von dem die romantische Liebe behauptet, er sei ins Ewige verlängerbar.

Da wir aber immer wieder feststellen, dass es nicht so ist – aus den rosaroten Wolken fallen wir irgendwann unsanft auf den Boden des Alltäglichen zurück – retten wir uns in die Idee, wir hätten halt doch nicht den Richtigen gefunden (und machen uns erneut auf die Suche).

Zum privaten Glück muss auch wohl der Rausch ge-
zählt werden, den wir uns über legale und illegale Drogen kreieren.

4.10 Die Moderne hilft auch nicht

Können wir uns vorstellen, auch der heutige Mensch,
Sie und ich seien zum Glück bestimmt, zum tiefen inneren Frieden und zu weiser Gelassenheit?

Wir müssten dann allerdings die Frage klären, wie es
kommt, dass von diesem Glück nur auf den Werbeplakaten ausgiebigst etwas zu sehen scheint, nicht aber in
den Gesichtern der Freunde, Verwandten, der Menschen, denen wir auf der Straße begegnen.

Denn auch die ganze Moderne mit antiautoritärer Erziehung, der Emanzipation der Frau, der mit Feuer und
Schwert verbreiteten Demokratie oder der sozialen,
dann globalisierten Marktwirtschaft haben es nicht ver-
mocht, die Menschheit glücklich zu machen.

Auch hemmungsloser Konsum, eine ins groteske befrei-
te Sexualität oder die Versprechungen der romantischen
Liebe können uns nicht auf Dauer erlösen. Wir greifen
zum Rausch der Geschwindigkeit, der Gefahr, der Drogen, der Arbeit und müssen immer wieder feststellen,
dass das einzige, was sicher kommt, der Kater ist, den
wir nach immer höheren Dosen in Kauf nehmen müssen.

Wir Menschen stehen – weit entfernt vom Nirwana – im Gegenteil in einem schier endlosen Kampf – um Zuneigung, Anerkennung, Erfolg, Karriere. Immer steht uns jemand oder etwas im Weg, den und das es niederzuringen gilt – egal zu welchem Preis.

Zum Kriege verdammt?

Sind also die Menschen zum Glück geboren, aber zum Kriege verdammt? Eine Gesellschaft psychisch hochgerüsteter Einzelkämpfer, jeder bis zum Tode in seinem eigenen Schützengraben, über dem nur noch der Sargdeckel sich zu schließen braucht?

5 Woher kommt das Glücksbegehren?

Erstaunlicherweise spielt die Frage, woher dieses intensive und verzweifelte Glücksstreben kommt, kaum eine Rolle in der unübersehbaren Glücksliteratur. Auch die Frage, woran der Mensch denn die Vollständigkeit einer Erfüllung erkennen könne, wird nur selten überhaupt einmal formuliert (weil es völlig klar ist, dass wir das Glück erkennen würden?).

Kann es nicht sein, dass es eine dunkle drängende Ahnung von verlorenem Glück ist, die einerseits die Menschen antreibt, es wieder zu erlangen und andererseits zuversichtlich macht, es (wieder) zu erkennen sobald es da ist?

Das würde zumindest erklären, warum über die Fragen nach dem woher und dem Maßstab des Glücks so viel weniger Worte gemacht worden sind als über die Wege, die zu diesem Ziel führen sollen. Hier herrscht weitestgehende Uneinigkeit und verwirrende Vielfalt. Jeder scheint ein eigenes Glücksrezept zu propagieren.[25]

Aus einem anderen Bereich finden wir deutliche Hinweise auf die Idee eines verlorenen Glücks [26]

5.1 Paradiesvorstellungen

Auf der ganzen Welt finden sich Vorstellungen von einem irdischen oder überirdischen Paradies[27], dass verloren gegangen ist oder dass es zu erringen gilt. Hier fliessen Milch und Honig, gibt es keinen Mangel, ist die Zeit aufgehoben. „Alle Paradiese der neolithischen und Bronzezeit waren Inseln von Fruchtgärten; Paradies selbst bedeutet Obstgarten" betont Ranke-Graves.[28]

25 für eine Vertiefung empfiehlt sich das herrliche Buch von Winterswyl, R.: Das Glück. Eine Spurensuche. München 1995
26 siehe hierzu besonders: Liedloff, Jean: Auf der Suche nach dem verlorenen Glück. München 1995
27 vgl. etwa zu den Paradiesvorstellungen von Judentum, Christentum, Islam, Zarathustrismus, Hinduismus, Buddhismus, Taoismus: Bernheim, P.-A., G. Stavrides: Das Paradies. Verheißungen vom glücklichen Jenseits. Düsseldorf 2004
28 Ranke-Graves, R.v.: Griechische Mythologie. Quellen und Deutung. Reinbek 1984. S. 20

5.2 Paradiese

Gab es das Paradies tatsächlich?

Eine so beeindruckende Fülle von Erzählungen über
das Paradies lassen stutzig werden. Gab es das Paradies
vielleicht tatsächlich? Vermutlich ja. Es gab in der frühesten Geschichte des Menschen wohl tatsächlich Le-
bensumstände, die sich als paradiesische Zustände verstehen lassen.

Die Ur-Heimat des Menschen ist eine immergrüne,
bewaldete Umgebung, in der es keine Nahrungsengpäs-
se gibt, in der sozusagen die gebratenen Tauben in den
Mund fliegen, denn das Essen war geradezu bratfertig,
dass die Menschen dann nur aufzuheben brauchten.
Wahrscheinlich können wir uns diese Zeit am besten
vorstellen, wenn wir uns Gruppen von Berggorillas
anschauen. Diese größten Menschenaffen haben keine
natürlichen Feinde und sammeln ihr Futter in kleinen
Familiengruppen und wandern äsend durch ihre (heute
allerdings massiv durch den Übervölkerungsdruck und
kriegerische Auseinandersetzungen der Menschen be-
drohten) Lebensräume. Gewalt, Krieg, Grausamkeiten
sind so menschliche Kategorien, dass sie für diese Tiere
nicht wirklich denkbar sind.

5.3 Der Schimpansenkrieg

Das einzige – und darum berüchtigte – Beispiel von „Krieg" zwischen Schimpansen, dass Jane Goodall (zwischen 1974 und 1978) beobachten musste, ist zwar vielfach zitiert worden, die Umstände allerdings sind nicht gut aufgeklärt.

Handelt es sich hier nicht vielleicht um eine künstliche Verknappung des Lebensraumes (durch den Menschen), auf den eine größere Gruppe von Schimpansen nach einer Abspaltung eines Teiles der Familiengruppe mit tödlicher Aggression reagierten? Es gibt hierzu deutliche Hinweise.

Lässt sich hieraus wirklich eine allgemeine Bereitschaft aller menschenähnlichen Wesen zu kriegerischer Handlung ableiten?

Die ehemaligen Mitglieder der Großfamilie von Schimpansen hatten sich an der Grenze des alten Territoriums ein eigenes Wohngebiet sichern wollen. Das wurde von der Großgruppe nicht toleriert, alle Mitglieder der kleineren Gruppe wurden bei zufälligen Begegnungen gejagt und getötet.

Was wäre geschehen, wenn die neue Familie sich ein Wohngebiet in weiter Ferne hätte aussuchen können, wenn es genug Platz für alle gegeben hätte?

5.4 Die Vertreibung aus dem Paradies

Auch in Schöpfungsmythen taucht häufig ein paradiesischer Zustand auf, der dann verloren ging.[29] Zu jeder Paradieserzählung gehört die Vertreibung, der Absturz des Luzifer, der Raub der Sita, die Sintflut – der Versuch einer Erklärung, wieso der Mensch schon lange nicht mehr in diesem Paradies lebt.

Lässt sich hierzu etwas ähnliches in der Geschichte finden? Gab es tatsächlich einen vergleichbaren Vorgang wie die Vertreibung aus dem Paradies?

Ist etwa die Vertreibung aus dem Paradies sogar eine vage überlieferte Erinnerung?

Die Zeiträume für eine ununterbrochene mündliche Überlieferung etwa einer vor Urzeiten von den Vorfahren selber erlittenen Katastrophe erscheinen allerdings viel zu lang. Das „kollektive Unbewusste"[30] erscheint auch eine eher dünne Erklärungsmöglichkeit. Es muss also noch eine andere Erklärung dafür geben, dass die Idee eines Paradieses und der Vertreibung daraus bei den Menschen so weit verbreitet ist.

---

29 hierzu über Ägypten, Sumerer, Akkader, Hurriter, Hethiter, Kanaanäer, Juden: Eliade, M. (Hg.): Die Schöpfungsmythen. Düsseldorf 2002
30 Nach dem individuelle Erfahrungen im Bewusstsein der ganzen Menschheit gespeichert seien. Dazu: Jung, Carl Gustav: Die Archetypen und das kollektive Unbewußte. Gesammelte Werke. Walter-Verlag, Düsseldorf 1995, Paperback, Sonderausgabe, Band 9/1, § 2

Am ehesten kann vielleicht angenommen werden, dass jeder Mensch selber Erfahrungen macht, die sich paradiesisch anfühlen und zu denen er nur zu gerne wieder zurückkehren möchte. Und der Vergleich zum Anfang des Lebens im Mutterleib, zur Geborgenheit und zur vollständigen Versorgung ohne Nachfrage und ohne Engpässe drängt sich hier sicher nicht zufällig geradezu auf.

Wäre dann die Vertreibung mit der Geburt gleichzusetzen? Mit einem Vorgang, den alle Menschen erfahren, durchleben? Eine Zeit lang war die Idee eines Geburtstraumas sehr populär.[31] Durch die Aufrichtung der Menschen und die dadurch veränderte Beckenstellung der Frau sei der Geburtsvorgang komplizierter, länger und bedrohlicher geworden und diese Gefahr teile sich den Säuglingen als Schrecken mit, als traumatisches Erlebnis.

Beobachtungen nach einer – sicherlich höchst verdienstvollen – Arbeit an einer sanfteren Geburt (etwa nach Leboyer[32]) müssen allerdings ernüchtern. Ein ganzer Zweig der Geburtsfürsorge hat es sich zur Aufgabe gemacht, dieses Ereignis zu einem liebevolleren Übergang (für Eltern und Kind) zu gestalten. Die sanfter geborenen kleinen Menschen leiden dennoch nicht weniger und – groß geworden – jagen wohl nicht weniger verzweifelt nach ihrem Glück.

---

31 Siehe hierzu als Klassiker: Rank, Otto: Das Trauma der Geburt und seine Bedeutung für die Psychoanalyse. 2007 Gießen.
32 Leboyer, Frederic: Geburt ohne Gewalt. München. 1995

Die Lösung der Frage nach dem Ursprung des Unglücks scheint bei den Menschen so nicht ohne weiteres zu finden. Was kann hier der Vergleich mit unseren tierischen Verwandten ergeben?

5.5 Tierisches Glück

Suchen auch die Tiere das Glück oder sind sie schon glücklich?

Schon Charles-Louis de Montesquieu (1689-1755) stellte vor über 200 Jahren die interessante These auf, dass „die Tiere ... glücklicher [sind] als wir", denn „sie fliehen das Übel, aber sie fürchten den Tod nicht, von dem sie keine Vorstellung haben."[33] und greift damit eine vom griechischen Philosophen Heraklit von Ephesos (ca. 540 – ca. 480 v. Chr.) überlieferte Idee auf, der – wohl scherzhaft – Ochsen glücklich nennen wollte, wenn sie Erbsen zum Fressen finden.[34]

Im Jahre 1874 bringt Nietzsche diesen Unterschied und die Reaktion des Menschen darauf wunderbar auf den Punkt[35]: „Betrachte die Heerde, die an dir vorüberweidet: sie weiss nicht was Gestern, was Heute ist, springt umher, frisst, ruht, verdaut, springt wieder, und so vom

---

33 Charles-Louis de Montesquieu: Vom glücklichen und weisen Leben [Les Cahiers 1716-1755], Zürich 1990
34 Zitiert nach Winterswyl, Ricarda: Das Glück. Eine Spurensuche. München 1995 S. 10
35 Nietzsche, Friedrich: Unzeitgemäße Betrachtungen. Insel Verlag 2000. Kap. "Vom Nutzen und Nachtheil der Historie für das Leben"

Morgen bis zur Nacht und von Tage zu Tage, kurz angebunden mit ihrer Lust und Unlust, nämlich an den Pflock des Augenblickes und deshalb weder schwermüthig noch überdrüssig. Dies zu sehen geht dem Menschen hart ein, weil er seines Menschenthums sich vor dem Thiere brüstet und doch nach seinem Glücke eifersüchtig hinblickt - denn das will er allein, gleich dem Thiere weder überdrüssig noch unter Schmerzen leben, und will es doch vergebens, weil er es nicht will wie das Thier. Der Mensch fragt wohl einmal das Thier: warum redest du mir nicht von deinem Glücke und siehst mich nur an? Das Thier will auch antworten und sagen, das kommt daher dass ich immer gleich vergesse, was ich sagen wollte – da vergass es aber auch schon diese Antwort und schwieg: so dass der Mensch sich darob verwunderte. Er wundert sich aber auch über sich selbst, das Vergessen nicht lernen zu können und immerfort am Vergangenen zu hängen: mag er noch so weit, noch so schnell laufen, die Kette läuft mit. Es ist ein Wunder: der Augenblick, im Husch da, im Husch vorüber, vorher ein Nichts, nachher ein Nichts, kommt doch noch als Gespenst wieder und stört die Ruhe eines späteren Augenblicks. Fortwährend löst sich ein Blatt aus der Rolle der Zeit, fällt heraus, flattert fort - und flattert plötzlich wieder zurück, dem Menschen in den Schooss. Dann sagt der Mensch "ich erinnere mich" und beneidet das Thier, welches sofort vergisst und jeden Augenblick wirklich sterben, in Nebel und Nacht zurücksinken und auf immer erlöschen sieht. So lebt das Thier unhistorisch: denn es geht auf in der Gegenwart, wie eine Zahl, ohne dass ein wunderlicher Bruch übrig bleibt, es weiss sich nicht zu verstellen, verbirgt nichts und erscheint in jedem Momente ganz und gar als das was es ist, kann also gar nicht anders sein als ehrlich. Der Mensch hingegen stemmt sich gegen die grosse und immer grössere Last des Vergangenen: diese drückt ihn nieder oder beugt ihn seitwärts, diese beschwert seinen Gang als eine unsichtbare und dunkle Bürde, welche er zum Scheine einmal verläugnen kann, und welche er im Umgange mit seines Gleichen gar zu gern verläugnet: um ihren Neid zu wecken. Deshalb ergreift es ihn, als ob er eines verlorenen Paradieses gedächte, die weidende Heerde oder, in vertrauterer Nähe, das Kind zu sehen, das noch nichts Vergangenes zu verläugnen hat und zwischen den Zäunen der Vergangenheit und der Zukunft in überseliger Blindheit spielt. Und doch muss ihm sein Spiel gestört werden: nur zu zeitig wird es aus der Vergessenheit heraufgerufen. Dann lernt es das Wort "es war" zu verstehen, jenes Losungswort, mit dem Kampf, Leiden und Ueberdruss an den Menschen herankommen, ihn zu erinnern, was sein Dasein im Grunde ist - ein nie zu vollendendes Imperfectum."

Sogar unsere nächsten Verwandten, die Menschenaffen, scheinen bei aller Ähnlichkeit zu uns Menschen dieses allzu menschliche und oft verzweifelt anmutende Glückssehnen nicht erkennen zu lassen, obwohl sie eine ganze Reihe von emotionalen Regungen kennen, wie etwa der Verhaltensforscher de Waal[36] herausfand.

36 de Waal, Frans: Der gute Affe. Der Ursprung von Recht und Unrecht bei Menschen und Tieren. München 2000

Sie kennen Imitation, Einfühlungsvermögen, ein Bewusstsein ihrer Selbst, Mitgefühl für andere, sogar Gemeinschaftsinteresse. De Waal sieht hier das Wirken einer „uralten emotionalen Infrastruktur"[37], die er beim Menschen nicht grundsätzlich anders vermutet.

Was könnte dann den fundamentalen Unterschied zwischen Menschenaffen und Menschen ausmachen? Wie gelang die Erfindung des Unglücks?

6 Die Not-wendigen Erfindungen

Die Frage "Wann und wie kam das Unglück in die Welt?" führt uns sicher weit zurück in die Vergangenheit der Menschheit. Wie Zwiebelringe schälen sich Schicht um Schicht der Historie, wie sie uns vermittelt wird, vor unserem nachdenklichen inneren Auge ab, um doch immer wieder auf die ebenso verzweifelte wie vergebliche Suche nach etwas zu stoßen, was zwar verschiedene Namen trägt (Nähe zu Gott, Abschied vom Rad des Lebens, Weltformel, gelobtes Land, Paradies, Glück), aber immer scheinbar gerade außerhalb der Reichweite der sehnsüchtig Strebenden bleibt.

Wir müssen das Buch der Geschichte weiter und weiter zurückblättern, dorthin, wo die Seiten nur noch äußerst spärlich überhaupt beschrieben sind, immer mehr Lücken von einer möglichst gut fundierten Intuition ausgefüllt werden müssen, wenn wir nicht – angesichts der

---

37 de Waal, S. 101

Unmöglichkeit, diese Lücken mit zwingender Logik auszufüllen – im Schweigen erstarren wollen.

Natürlich muß jeder Ausflug in die frühe Menschheitsgeschichte immer auch hoch-spekulativ sein. Gedanken und Gefühle sind über einen so langen Zeitraum nicht wissenschaftlich nachprüfbar konserviert.

Schauen wir uns zunächst ein paar weit verbreitete Grundmuster von zivilisierten Gesellschaften an: Es finden sich in allen Gesellschaften dieser Erde heute noch deutliche Hinweise darauf, was die frühen Menschen bewegt haben könnte (und wohl die heutigen noch immer bewegt). So finden sich überall Mythen, die als Ausgangspunkt der Welt einen paradiesischen Zustand beschreiben, aus dem dann eine Vertreibung erfolgte. Und sicherlich gelingt es nur Erzählungen von großer Bedeutung, sich immer wieder gegen die neueste Nachricht zu behaupten. Und so bekamen und bekommen sie dann vielleicht wieder eine ganz aktuelle Bedeutung für jeden aus der langen Kette von Erzählern, die die Mythen mündlich überliefert haben, und – nach Erfindung der Schrift – auch für jeden Kopisten und Verleger.

Die Vertreibung aus dem Paradies konnte nur überlebt werden von Menschen, die Abschied nahmen von ihrem inneren Seelenfrieden. Nur die, die hart kämpfen konnten, entgingen der Vernichtung. Und ein Krieger, der um sein Überleben kämpft, kann sich keine Schwachheiten erlauben. Kaum aber hatten diese Krieger ihr Überleben gesichert, machten sie sich wieder auf den Weg, auch die zweite Hälfte ihrer Seele wiederzufinden. Allein – sie suchten nicht mehr dort, wo sie sie zurückgelassen hatten.

„Seid fruchtbar und mehret euch und füllt die Erde und machet sie euch untertan."[38] Was heißt dieser Satz zumindest über den christlich-abendländischen Teil unserer Zivilisation? Er drückt ein Machtverhältnis aus - die Menschen seien von Gott berufen, alles zu unterwerfen. Auch der Expansionsgedanke (mehret euch und füllt die Erde) scheint als göttlicher Befehl nur zu gut befolgt worden zu sein – und wird es weiter.

Ist nicht alles, was wir unter den Begriffen Kultur und Zivilisation[39] fassen, immer auch eine direkte logische Konsequenz aus der inneren Haltung des Menschen seinen Nachkommen gegenüber?

Das Prinzip der Expansion, eines „immer mehr davon" scheint die zentrale Triebfeder der „erfolgreichen" Kulturen auf der Erde zu sein. Erfolgreich allerdings gerade nicht im Hinblick auf Fortschritte auf dem Weg zum Glück, sondern erfolgreich darin, sich „die Erde untertan" zu machen – und alles was darauf kreucht und fleucht.

---

38 Gen. 1,28
39 Ich verstehe hier Kultur als die Gesamtheit der menschlichen Leistungen, die über die Versorgung der Grundbedürfnisse hinausgehen und Zivilisation als den Kreis von mehreren Kulturen, die zur gleichen Zeit existieren. Davon grenze ich Gesellschaft ab als einen Begriff für eine hauptsächlich aufeinander bezogene Gruppe von Menschen, deren Größe einen Familienverbund überschreitet

Ein weiterer Ausgangspunkt meiner Überlegungen ist die Angst, die sich beim zivilisierten Menschen von einer konkreten Überlebenssorge in lebenserschwerender Umwelt längst zu einer generalisierten Existenzangst entwickelt hat.

In ihren deutlicheren Ausprägungen hat sie ganze Heerscharen von Beschwichtigern auf den Plan gerufen, die die verschiedensten Rezepte zur Überwindung der Angst anbieten. Darunter lassen sich so unterschiedliche Phänomene wie Mythologie, Religion, Philosophie, Staatenbildung, Versicherungswirtschaft oder Werbebotschaften fassen. Allen gemeinsam ist das Austausch-Prinzip: Ich verspreche dir eine Verringerung (oder gar ein Ende) deiner Angst, wenn du mir einen Teil deiner Produktivkraft und Autonomie überlässt.

Hier kann es sich um die Mitarbeit an Monumentalwerken in vorgeschichtlicher Zeit, den Zehnten der christlichen Kirche, das Stellen von Soldaten für ein politisches Gemeinwesen, den Versicherungsbeitrag oder den Kauf eines bestimmten Artikels handeln.

Auch abstraktere Formen der Unterwerfung lassen sich hier ein ordnen, etwa die Anerkennung des Gewaltmonopols eines Staates oder auch der Vorrang der elterlichen Entscheidungsgewalt vor dem Wohl des Kindes (der erst langsam in einigen Regionen der Welt zu schwinden scheint).

Die fast unübersehbare Fülle von Glücksrezepten und deren ständige Neu- und Weiterentwicklung lässt wohl nur einen einzigen Schluß zu: wenn es so viele verschiedene Rezepte gibt, gibt es möglicherweise keins, das tatsächlich universell funktioniert.

Auch die erschütternde Beobachtung, dass es nur wenige Menschen zu sehen gibt, die ein dauerhaftes Glück ausstrahlen (und nicht nur behaupten, wie ich es bei einigen sogenannten „Erleuchteten" vermute) deutet darauf hin, dass die Glücksrezepte nicht wirklich gelingen.

Auch die Uneinigkeit, die schon bei der Definition von Glück herrscht, deutet auf eine generelle Unsicherheit hin, so als rede man von etwas, was man sich zwar innig wünscht, aber nicht wirklich kennt.

Mit den Prinzipien von Sehnsucht nach Unerreichbarem, Expansion (Ausdehnung, Fortschritt), Existenzangst, die zu Unterwerfung unter Autoritäten und weitreichender Zukunftssorge einlädt/zwingt, und verzweifeltem Glücksbegehren haben wir schon wesentliche Bestimmungsstücke von zivilisierten Gesellschaften beisammen.

Welchen Grund kann es nun dafür geben, dass einerseits Menschen mit all ihrer Kreativität und Hingabe schon so lange auf so elementare Ziele zusteuern und sie dennoch nicht zu erreichen scheinen? Könnte nicht im Verlauf der Menschheitsgeschichte seit der Trennung von den tierischen Verwandten eine Veränderung zu denken sein, die den Erzählungen von Vertreibungen aus dem Paradies einen wahren Kern zuweist?

Als Kandidaten hierfür kommen mehrere Vorgänge im Verlauf der Menschheitsentwicklung in Frage. Ein klimatischer Umbruch in Afrika, der die Population der Hominiden in einen Teil Dschungelbewohner und einen Teil Savannenbewohner aufspaltete, wird auch zu Veränderungen im Erleben und Verhalten unserer Vorfahren geführt haben.[40] Ein zweiter Prozess, nämlich die Aufgabe der nomadisierend jagend/sammelnden Lebensweise zugunsten von Seßhaftigkeit, Ackerbau und Viehzucht, wird auf jeden Fall gewaltige Umwälzungen in den sozialen Beziehungen der Menschen untereinander hervorgerufen haben. Nicht ohne Grund wird dieser Vorgang auch als neolithische Revolution bezeichnet.

Die Vorfahren der Menschen haben sich von ihrem Ursprungsgebiet Afrika in mehreren Wellen über die Erde ausgebreitet. Die meisten dieser Wellen versickerten im Sand der Geschichte und hinterliessen nur den Archäologen ein paar schwer zu deutende Spuren. Immer wieder haben wohl ungünstige klimatische Bedingungen (Eiszeiten, Trockenzeiten) zu einem Rückzug oder einem Aussterben der stark von der vorgefundenen Pflanzen- und Tierwelt abhängigen Menschen-Gruppen geführt. Nur in Afrika und in Vorderasien war wohl das Klima so günstig, dass das Überleben der Art

---

[40] Diese Prozesse bleiben allerdings so spekulativ, dass ich sie hier nicht weiter verfolgen werde.

über die Jahrhunderttausende gesichert blieb. Nur wenige Experten ahnen, wie oft das Schicksal der Menschwerdung an einem seidenen Faden hing – und wie oft dieser riss. Ein Forscher geht davon aus, dass gerade die lange Reihe von dramatischen klimatischen Umbrüchen zu einer Auslese des Homo Sapiens als dem anpassungsfähigsten, weil wandelbarsten Hominiden geführt hat.[41]

Die beiden jüngsten Ausbreitungswellen der Menschen hingegen bestimmen heute das Bild unserer Erde. Vor etwa 40.000 Jahren erreichten Jäger/Sammler-Gesellschaften Australien und vor etwa 12.000 Jahren Südamerika. Damit ist eine Ausbreitung über die damals für diese Lebensart zugängliche Welt abgeschlossen.

Nachdem es vor etwa ebenfalls 12.000 Jahren in Vorderasien gelungen war, sich mit Hilfe von Ackerbau und Viehzucht ein Stück unabhängiger von den Unbillen der Mutter Natur zu machen, setzte eine neue Siedlungswelle ein, deren Ausläufer heute jede Ecke der Welt erreicht hat.

Vermutlich gab es immer wieder Entwicklungen im Verlauf der menschlichen Geschichte, die Anpassungsleistungen erforderlich machten. An den unterschiedlichen Besiedlungsphasen, die sich etwa in Europa nachweisen lassen, lässt sich das Schicksal dieser Siedler ablesen. Diese Entwicklungslinien sind immer wieder abgerissen, die Siedler gescheitert, ihr Anpassungsvermögen

41 Potts, Rick, Interview in: Evolution. Sommer 2011, S. 56-58

überfordert. Wahrscheinlich lässt sich die Ausbreitungs-
geschichte der Menschheit über ihr Entstehungsgebiet
in Afrika hinaus als ein Weg von häufigem Irrtum bei
seltenem Erfolg beschreiben. Auch bei der Geburt der
Seßhaftigkeit stand der Fortbestand der Menschen im
sogenannten fruchtbaren Halbmond (zwischen der Le-
vante und dem Iran) in Frage.

Diese letzte Siedlungswelle unterscheidet sich in einigen
Besonderheiten ihrer Nahrungsbeschaffung von den
vorhergehenden. Die Jäger/Sammler pflegten eine (heute würde man sagen) nachhaltige Methode der Bewirt-
schaftung ihrer Umwelt und zogen bald weiter, so dass
die Natur – bei einer sehr geringen Bevölkerungsdichte
– ausreichend Zeit bekam, sich zu regenerieren. Die
seßhaften Bauern hatten nun eine Möglichkeit gefunden, sich vom vorgefundenen Nahrungsangebot abzu-
koppeln – sie bauten ihre Nahrung selber an. Das machte es einerseits leichter, auch in ungünstigeren klimatischen Bedingungen zu überleben und gestattete auf der
anderen Seite eine drastisch höhere Bevölkerungsdichte
(etwa 10-100 mal mehr Bauern konnten auf der selben
Fläche leben wie Jäger/Sammler).

So wurde der Nahrungsvorteil wortwörtlich gleich wieder aufgefressen, neue existenzielle Abhängigkeiten
entstanden. So sind wir (als Nachkommen der Bauern,
die die Jäger/Sammler nahezu vollständig verdrängt
haben) heute nicht mehr davon abhängig, ob wir etwas
zu essen finden, sondern davon, ob man uns etwas zu
essen gibt. Wir können unser Brötchen nicht jagen, wir

müssen dem Bäcker etwas dafür geben – Geld, dass wir verdient (oder überlassen bekommen) haben. Für das Geld müssen wir unsere Arbeitszeit, ein Stück unserer Lebenszeit, verkaufen – oder uns von der Arbeitsagentur gängeln lassen.

6.1 Die jüngere Dryas

Vor ungefähr 13000 Jahren trafen unsere Vorfahren, die im Gebiet des heutigen Iraks lebten, eine Entscheidung, deren Konsequenzen wir heute noch jeden Tag zu spüren bekommen. Sie tauschten, um es salopp zu sagen, ihr Glück gegen einen Teller Linsengericht. Aus nackter Not gaben sie eine Lebensweise auf, die die Menschen seit Hunderttausenden von Jahren gepflegt hatten.

Die Entscheidung sesshaft zu werden und Ackerbau und Viehzucht zu betreiben, war auf der einen Seite eine geniale Erfolgsstory. Heute lässt sich ein Überleben der Menschheit ohne die Ernte von domestizierten („gezähmten") Pflanzen und Tieren nicht mehr vorstellen. Bis fast in den allerletzten Winkel der Erde hat sich diese Art zu leben durchgesetzt.

Allerdings haben wir Menschen einen ungeheuren Preis für unser Überleben in dunklen Vorzeiten zu zahlen. Nur die systematische Zerstörung der Glücksfähigkeit sichert auch heute noch den Fortbestand der Zivilisation. Dieses Opfer findet immer wieder bei der Erziehung unserer Kinder statt. Schon in den allerersten Minuten und Stunden nach der Geburt muten wir unseren Kindern brutale Trennungs-Erfahrungen zu, die aus ihnen erst die „nützlichen" Mitglieder einer Gesellschaft machen, wie wir sie heute für normal halten. In Wahrheit wiederholen wir damit an unseren Kindern einen grausamen Schnitt, den unsere Vorfahren uns als entscheidendes Merkmal der Kultur hinterlassen haben.

Die Zivilisationen dieser Erde gründen auf der seelischen Verkrüppelung ihrer Neugeborenen. Und es ist kein Wunder, dass so viele Menschen an diesem Irrsinn krank werden. Süchte, Kriminalität und Psychosen sind eine beinahe logische Folge dieser Folter und alle Versuche, dieser Plagen der Menschheit Herr zu werden, bleiben so lange zum Scheitern verurteilt, wie nicht zumindest anerkannt wird, was sich eigentlich hinter dieser Erziehungsmethode verbirgt.

Ich habe vorgegriffen, und kehre wieder zurück nach Vorderasien vor 13000 Jahren. Eine Gemeinschaft intelligenter Menschen – vertraut mit der Umgebung, als Sammler und Jäger im Einklang mit der Natur. Die einzelnen Familienverbände verteilen sich auf ein großes Gebiet, die Kontakte untereinander sind freundlich und vorsichtig, aber selten. Eine großzügige Natur stellt jeden Tag Nahrung reichhaltig zur Verfügung. Besitz und persönliches Eigentum ist begrenzt, es muss ja jederzeit mitgenommen werden können.

Paradiesische Zustände, in denen niemand nach dem Sinn des Lebens fragt, weil er ja ständig und klar erfahr-

bar ist. Jegliche Not-wendigen Impulse wie Zukunftsplanung, Verzicht, Disziplin bis zur Selbstverleugnung
erscheinen völlig absurd und überflüssig – sie sind un-
denkbar, werden also auch nicht gedacht.

Die Gruppen bestehen aus mehreren Familien, ihre
Größe bleibt wahrscheinlich unter 100 Individuen.
Frauen stillen ihre Kinder sehr lange und oft, was dazu
führt, dass sie erst Jahre nach einer Geburt wieder emp-
fängnisbereit werden. Auch andere Methoden der Emp-
fängniseinschränkung sind weit verbreitet.

Die Kinder, die in diese Welt geboren werden, bekommen genau dass, was sie brauchen, um genauso im inneren Frieden zu bleiben wie ihre Familienangehörigen. Es
sind Zeiten tierischer Unschuld, der Baum der Erkenntnis ist noch nicht gepflanzt. Natürlich besteht nicht das
geringste Interesse an einer Veränderung – Fortschritt
wozu? Unsere Ureltern waren genau dort, wo sie sein
wollten, sie konnten sich vermutlich noch nicht einmal
vorstellen, dass es ein anderes Leben geben könnte.

Auftritt: Engel mit dem Flammenschwert und Vertreibung aus dem Paradies. Eine Klimaveränderung lässt
die Temperaturen innerhalb kürzester Zeit (in 50 Jahren
um 10 Grad) dramatisch sinken, die von Nahrung über-
quellenden Wälder gehen zugrunde, die wandernden
Gazellenherden verschwinden (zum Vergleich: die heute
diskutierte Klimaveränderung wird sich wohl in einem
Rahmen von 2-4 Grad innerhalb von hundert Jahren
bewegen – und dramatischste Auswirkungen haben).

Der lange Überlebenskampf der Menschheit beginnt. Das Tier Mensch überlebt – wenn auch nur knapp – die Klimakatastrophe, anders als viele andere – weniger anpassungsfähige – Tierarten, weil die Bedingungen, die er gerade hier – im deswegen sogenannten fruchtbaren Halbmond – eben noch für ein Überleben günstig sind. Diese Klimakatastrophe bringt auf der ganzen Welt die Ökosysteme ins Trudeln. In Nordamerika sterben alle Großtiere aus und die sogenannte Clovis-Kultur[42] von frühen „Indianern" überlebt nicht. Die auf der Welt schon weit verstreuten Menschen werden hart von dieser Klimakatastrophe getroffen, an vielen Orten gibt es etwas, was der Altertums-Forscher eine „Siedlungsunterbrechung" nennt – hier sterben die Menschen aus.

6.2 Die Erfindung der Zukunft

„Und die Erde war wüst und leer"[43] beschreibt wahrscheinlich sehr präzise die Bedingungen, die die Geburt des „neuen" Menschen begleiteten. Es dürfte eine exakte Beschreibung der Bedingungen sein, die die Menschen zu Beginn eines völlig neuen Zeitalters vorfanden. Etwa eintausend Jahre lang beherrschte die jüngere Dryas mit kühlem trockenem Klima die Erde. Das hatte katastrophale Auswirkungen auf Fauna und Flora – und auf die Menschen, die sich als Jäger und Sammler davon ernährten. Auch in Vorderasien brechen die Nahrungsketten zusammen. Nach und nach blieben die Herden

---

42 Nach meiner Definition eher: Clovis-Gesellschaften
43 1. Mose 1,2

der Gazellen aus, die den Menschen des „fruchtbaren Halbmonds" in Vorderasien auf ihrer Frühjahrswanderung ein unerschöpfliches Fleischangebot geliefert hatten. Aber auch viele sammelbare Nahrung verschwand.

Gordon Childe war der erste Forscher, der die These formulierte, dass große Trockenheit der Hauptfaktor für die sogenannte neolithische Revolution in Vorderasien gewesen ist.[44]

Folgendes Szenario erscheint nach den Ergebnissen der archäologischen Forschung[45] möglich gewesen zu sein:

Die Klimaveränderungen reduzieren das Nahrungsangebot der Jäger und Sammler dramatisch, die Herden der Wildtiere verschwinden, die geschwächten Jäger finden nichts mehr zu jagen, das Umherziehen verliert seinen Sinn. Nur das Sammeln von Nahrung (besonders der weniger anfälligen Getreidesorten) sichert das Überleben. Mit Abfällen und Essensresten geraten auch ungemahlene Körner auf die Abfallhaufen der Siedlungen, fassen dort Fuss, führen so zu den ersten natürlichen (sogar gedüngten) Feldern. Das über Jahrhunderte gesammelte Wissen der Sammler über die Vorgänge in der Natur und die Kenntnisse über die Entwicklung von Pflanzen lassen das Potenzial erkennen, dass diese naturnahen Ressourcen darstellen. Mit der genetisch angelegten Flexibilität des menschlichen Gehirns taucht jetzt

44 Childe, Gordon: Man Makes Himself. London 1936
45 siehe z.B. Ammermann, J. A., P. Biagi (Hg.): The Widening Harvest. Boston 2000

eine Alternative zum Verhungern auf, ein anderes Schicksal als das der anderen Lebewesen und Pflanzen, mit denen sie ihre Umwelt geteilt hatten: Die Möglichkeit, das Schicksal in die eigenen Hände zu nehmen! Getreide selber gezielt zu pflanzen um es zu ernten, rettete die Menschen in Vorderasien vor dem Aussterben.

Welche Folgen dies langfristig haben sollte, war sicherlich nicht abzusehen. Oder sollten wir uns vorstellen, es habe von einer alten weisen Frau eine warnende Prophezeihung gegeben: „Ihr werdet einen mächtigen Geist in euer Haus einladen. Er wird die Bäuche der Frauen füllen – und eure Seelen vergiften. Er kommt als Retter in der Not und sein Preis ist furchtbar: das Leben, dass er heute schenkt, fordert er morgen tausendfach zurück. Er stillt den Hunger, dabei bleibt er selber gefräßig und wird nicht ruhen, bis er Sonne und Mond verschlungen hat. Eure Kinder werden leben – und sie werden euch dafür verfluchen." Aber Kassandras hatten nie Glück, vielleicht muss man eher sagen: jede Kassandra, die Erfolg hatte mit einer solchen Warnung – ist mit ihrem Clan verhungert und wir wüssten nichts mehr von ihrem Schicksal.

Die Rettung kam schnell, sie musste schnell kommen, sonst wäre die Menschheit überall ausgestorben. Hillmann[46] hat berechnet, dass der Prozess der Veränderung von völliger Abhängigkeit von Jagd und Sammeln

---

[46] Hillmann, Gordon: The Start of Cultivation in Western Eurasia. In: Ammermann 2000, S. 75-97

in Vorderasien zu beinahe völliger Abhängigkeit von Ackerbau und Viehzucht innerhalb von 1.500 Jahren abgeschlossen war.[47] Seine intensive, jahrzehntelange und höchst fantasievolle Forschung hat ungeheuer viel für das Verständnis der neolithischen Revolution beigetragen. Er schätzt auch, dass es unter geeigneten Bedingungen nur etwa 200 Jahre gedauert hat, bis aus Wildformen von gesammeltem Getreide durch gezielte Aussaat ertragreiche domestizierte Formen gewonnen werden konnten.

Auch andere Forscher stellen das Klima in den Mittelpunkt ihrer Überlegungen zur Herkunft und Evolution der Menschen.

„Da die beschriebenen zyklischen Veränderungen des Klimas[48] offensichtlich in Ostafrika, der "Wiege des Menschen", ihren Ursprung hatten, stellen sich auch für Evolutionsbiologen bzw. Paläoanthropologen neue Fragen. Hatten die Schwankungen des Monsuns einen Einfluss auf die Entwicklung der ersten Hominiden? Waren es gerade die periodischen Veränderungen des Klimas und der Vegetation, die unseren Vorfahren besondere Anpassungsfähigkeiten abverlangten und die Evolution des Menschen vorantrieben?"[49]

---

47 Hillmann, S 88
48 in einem Rhythmus von ca. 22.000 Jahren
49 Wehausen, Rolf; Birgit Warning und Hans-Jürgen Brumsack: Die Klima- und Umweltgeschichte des Mittelmeeres. Ergebnisse des internationalen Tiefseebohrprogramms. Institut für Chemie und Biologie des Meeres, Carl-von-Ossietzky-Universität, D-26111 Oldenburg. Quelle: http://eagle.icbm.uni-oldenburg.de/~mbgc/Rolf/Einblick.pdf S. 17 aus 02/09

Das menschliche Gehirn vollbringt – aus schierer Überlebensnot – in dieser Zeit gewaltige Leistungen, die dem Menschen gegenüber vielen anderen Arten die entscheidenden Überlebens-Vorteile verschaffen. Die Fülle des Hier und Jetzt weicht – gezwungenermaßen – der Erkenntnis. Das planvolle – in eine ferne Zukunft ausgerichtete – Handeln sichert ein Überleben auch in lebensfeindlicher gewordener Umwelt. Jede Tierart, die den plötzlichen Untergang der Welt, die sich hunderttausende von Jahren immer nur langsam verändert hatte, überlebt, hat es genau deswegen geschafft, weil sich Anlagen weiterentwickelten, die zu Überlebensstrategien ausgebaut werden konnten. Auf einmal gab es Zeiten, in denen den Menschen nicht ausreichend Nahrung zur Verfügung stand. Aus der Vielfalt unserer Ahnen überlebten diejenigen, deren Gehirn sich so etwas kompliziertes vorzustellen vermochte wie eine Zukunft (ein Säugling heutzutage braucht dafür etwa sechs Monate). Ein ungeheuer entscheidender Schritt für die Dynamik der menschlichen Entwicklung war also die „Erfindung" der Vorratshaltung. Wem es gelingt, sich Nahrung für die Zeit zurückzulegen, in der die Natur geizig wird, hat einen lebenswichtigen Vorteil gegenüber denen, die es nicht tun – die verhungern nämlich. Diese Vorräte – das ist das Wesen von Schätzen – brauchen Schutz. Nach dem Natur-Gesetz der Entropie strebt alles auf der Welt einem Zustand gleichmäßiger Verteilung, also der größtmöglichen Auflösung entgegen, so auch Vorräte. Helfershelfer dieser Entropie sind Schimmel, Schädlinge und Räuber. Nahrung zu sammeln und aufzubewahren, um dann zuzulassen, dass sie von jemand anderem verzehrt wird, hilft mir für meine persönliche Zukunft herzlich wenig. Denjenigen also, denen es gelingt, einen Vorrat zu verteidigen, gehört die Geschichte!

Gegen Schimmel und Schädlinge hilft vielleicht noch Gehirnschmalz – viele Neuerungen aus dieser Zeit auf diesem Gebiet sichern den Schatz. Was aber hilft gegen zweibeinige Mitesser?

6.3 Die Erfindung von Macht

Entstanden in einer existenziellen Notsituation erweisen sich Ackerbau und Viehzucht als kulturelles Erfolgsmodell. Nicht nur steigt die Bevölkerungszahl, die jetzt über ein kontrollierbares Nahrungsangebot verfügt, stark an. Die Sesshaftigkeit ermöglicht es auch, größere Gütermengen zu horten, als es der wandernde Jäger und Sammler jemals hätte transportieren können. Mit der Vorratshaltung – besonders in den Notzeiten, wie sie zu Beginn des Ackerbaus bestanden – ergab sich in der Folge eine brennende Frage, der sich der gerade dem Hungertod entkommene erste Bauer ausgesetzt sah: Wie gelingt es, die angesammelten Vorräte bis zur nächsten Ernte vor (zwei- oder mehrbeinigen) Mitessern zu schützen? Dieser Schutz macht den Unterschied aus zwischen Leben und Tod. Auf der einen Seite die Bauern, die sonst nichts haben, auf das sie zurück greifen könnten – auf der anderen Seite hungrige Sammler, die eine gedeckte Tafel sehen. Nur der Bauer wird überleben, dem es gelingt, seinem hungrigen Nachbarn die

73

Tür zu weisen – notfalls mit Gewalt. Das erinnert fatal (und keineswegs zufällig) an die „das-Boot-ist-voll" Polemiken heutiger Tage.

Organisierte Ausübung von Gewalt war in den Jäger- und Sammler-Gesellschaften nur bei der Jagd auf gefährliche oder massenhaft auftretende Beutetiere vorgesehen – und sie war wohl durch eine Vielzahl von mythischen Tabus und Besänftigungsriten eingebettet.[50] Christopher Boehm[51] stellt die These auf, dass die historisch nachweisbaren Jäger- und Sammlergesellschaften gleichberechtigte, quasi basisdemokratische Gruppen waren, die durchwegs nur sehr schwache Führer oder gar keine hatten.

Größere Konflikte innerhalb einer Gruppe konnten einfach dadurch gelöst werden, dass die streitenden Parteien unterschiedlicher Wege gehen. In der Trockenzeit des Übergangs zum Ackerbau wäre eine solche Trennung (weg von den Feldern) dann allerdings einem Todesurteil gleichgekommen. Hier mussten andere Verfahren des Umgangs mit Konflikten geben. Die Sieger wurden erfunden und die Verlierer.

Das scheinen ideale Bedingungen für die Herausbildung (Erfindung) von Herrschaft und Macht – und deren notwendigem Begleiter: der Unterwerfung.

---

50 siehe etwa die Forschung zu frühen Felszeichnungen
51 Christopher Boehm: Hierarchy in the Forest. The Evolution of Egalitarian Behaviour. Chagnon 1999

Macht macht es leichter, Vorräte für schlechte Zeiten anzuhäufen und so organisiert zu schützen, dass die Gruppe ihr Überleben bis zur nächsten Ernte sichern kann. Fast zwangsläufig wird sich dazu eine eigene gesellschaftliche Klasse herausbilden: die Wächter und ihr Anführer, die notwendig zum größten Teil aus dem produktiven Prozess (dem Herstellen von Nahrung oder anderen Produkten) herausfallen. Eine Kriegerkaste entsteht, eine herrschende Schicht, die Unterwerfung fordert – in Notzeiten fordern muss, soll das heikle Gleichgewicht von Ernten und Bevorraten nicht durch Einzelinteressen aufs Spiel gesetzt werden.

Parallel dazu wird sich eine Gruppe von Wissensträgern herausgebildet haben, die besondere Kenntnisse über die Abfolge der Nahrungsproduktion – beispielsweise den günstigsten Zeitpunkt der Aussaat oder der Ernte – gesammelt hatten: eine Priesterkaste, die etwa astronomische Daten sammelte. Auch sie mussten von dem Produktionsprozess für ihre Beobachtungen freigestellt werden. Sie mussten auch mit der Autorität ausgestattet sein, die gesamte Gruppe nach ihren Erkenntnissen zu leiten. Was also lag näher, als die beiden Klassen miteinander eng zu verzahnen? Ein Priesterkönig mit geheimem Wissen, der Krieger befehligt, die seine Autorität innerhalb und außerhalb des Clans durchsetzen, der sie dafür wiederum mit einem Teil der eingeforderten Überschüsse aus der Produktion belohnt und so an sich bindet.

Spätestens, wenn zwei dieser frühen Herrscher aufeinander treffen, setzt sich dann wohl eine unheilvolle Spirale der Gewalt in Gang.

Wer sich mit mehreren zusammentut und organisiertes Handeln steuern kann, schafft es, seinen Nahrungsvorrat gegen die vielfältigen Räuber zu schützen. Organisiertes, schnelles, wirksames Handeln scheint in einer hierarchischen Struktur sehr gut zu funktionieren, vermutlich so gut, dass es andere Modelle (von denen wir heute noch viel weniger wissen) fast völlig verdrängen konnte.

Hierarchische Strukturen erlauben einen gezielten Einsatz der vorhandenen Ressourcen. Derjenige mit dem meisten Einfluß stellt die stärkste Truppe zusammen. Mit dem Versprechen auf Teilhabe an der Beute – und damit der Sicherung des eigenen Überlebens – lassen sich motivierte Mitstreiter gewinnen. Wer jetzt den Eindruck hat, hier wird ein Grundthema der menschlichen Geschichte geliefert, liegt vielleicht gar nicht so weit daneben, denn nach diesem Modell funktionieren nicht nur die westlich sozialisierten Gesellschaften noch heute.

6.4 Die Erfindung des Krieges

Vielleicht kann eine Annäherung aus der Perspektive einer Fabel die Geschichte der Anfänge der Zivilisation einmal so beschreiben:

Dermaleinst lebten die Menschen glücklich und zufrieden und nährten sich redlich von dem, was ihnen Wald und Flur, Bach, Steppe und Meer so reichlich anboten. Und wenn sie gegessen hatten, was an dem einen Ort zu finden war, luden sie sich Kinder, Kochgeschirr und Feuerstein auf und zogen mit ihrem Clan zur nächsten gefüllten Tafel weiter. Und weil es so wenige waren, begegneten sie nur selten einer anderen Gruppe und dann grüßten sie freundlich, tauschten ein paar Kleinigkeiten (wie Ehepartner) aus und verabschiedeten sich wieder voneinander.

Irgendwann wohl erzürnten die Götter – vielleicht waren sie neidisch auf das Glück der Menschen, vielleicht auch fühlten sie sich zu wenig beachtet. Es gab ja nichts, um dass ein Mensch einen Gott anflehen oder weswegen er ihn besänftigen musste.

Und da war ein besonders zorniger Gott, der sah auf die Erde und was er sah, mißfiel ihm ungeheuer. Er sah Clans, die den wilden Herden der Gazellen durch lichte Wälder folgten und dabei Wurzeln, Kräuter und kleine Tiere sammelten. Und diese Clans waren sanft und freundlich und sie beteten selten und wenn, dann mit einer gelassenen Zuversicht und Dankbarkeit für das, was ihnen dieser Tag schenken konnte. Und der Gott zürnte und sprach zu sich selber (zu jener Zeit, als es noch keine Priester gab, war es wohl die Angewohnheit der Götter, mit sich selber zu reden) – und er sprach: Niemand betet zu mir (Götter neigen dazu, gerade, wenn sie voller göttlichem Zorn sind, ein klein wenig zu übertreiben). Ich aber, so sprach der Gott weiter, will, dass die Menschen zu mir beten, mich anrufen mit großer Furcht.

Aber er wusste nicht, wie er die Menschen dazu bringen konnte, ein solches zu tun. Und er grämte sich, wandte den Blick ab von den Menschen und schaute auf die Tiere. Aber auch die machten ihm keine Freude, denn Tiere beten wohl noch viel seltener als Menschen. Dann, gerade als er auch hier den Blick wenden wollte, sah er zwei Schakale, die sich um ein verendetes kleines Tier verbissen hatten. Der eine Schakal hatte nur noch einen Zahn und der andere ein lahmes Bein und beide waren vor Hunger klapperdürr. Und in ihrem Hunger vergaßen sie die höflichen Regeln, die auch bei den Schakalen gelten, dass der Stärkere nämlich lange vor dem Essen ermittelt wird und der erste ist, der sich sättigt. Dann sättigt sich der nächste, bis für alle gesorgt ist. Sie bissen sich und knurrten, kratzten und jaulten. Dann gab Lahmbein den Kampf auf, aber Einzahn hatte seinen letzten Zahn verloren und konnte die Beute nicht kauen noch schlucken. Und beide Schakale jaulten und jaulten geradewegs nach oben und der Gott trank dieses Jaulen wie süßes Ambrosia. Und der Gott sagte zu sich, so will ich die Menschen machen, auf dass ich auch ihr Wehklagen trinken kann.

Und er säte einen Plan und sein Plan ging auf. Und wenn es aber eines gibt, wovon Götter im Überfluss haben, so ist das Zeit. Und auch dieser eine Gott zähmte seinen Zorn und wartete lange.

In die Wälder sandte er trockene Winde, die die Bäume versengten und die Herden wilder Gazellen schwanden wie der Wald. Und die Menschen sammelten sich um die wenigen Wasserstellen und hungerten.

Sie vergaßen, wie es gewesen war umher zu ziehen, sie vergaßen viele Künste, die jetzt nicht mehr wichtig schienen. So vergaßen die alten Weiber etwa die Kunst, das Blut der Frauen immer wieder zum Fließen zu bringen und so füllten sich die Bäuche der Frauen immer und immer wieder mit der Frucht des Blutes. Und es wurden mehr und mehr Menschen in jedem Clan und die Clans wussten voneinander.

Jetzt klagten die Menschen, denn sie hungerten. Und dem Gott war es eine schöne Vorspeise. Und jetzt fanden die Menschen die Regeln der Höflichkeit nicht mehr, dass Nahrung gesammelt wird, bis für alle gesorgt ist. Vielmehr fanden sie die Nahrung nicht mehr, dass für alle gesorgt werden konnte, denn es waren zu viele Menschen und zu wenig Nahrung. Und der eine nahm dem anderen das Fleisch aus der Hand und sie schrien aufeinander ein und die das hörten verwunderten sich und nannten es – Streit. Und der Streit endete damit, dass Menschen weg geschickt wurden, auf dass sie woanders Nahrung finden mochten. Und die, die blieben, erfanden die Angst vor der Rückkehr der Hungrigen. Und sie schlossen das Getreide ein in feste Mauern und als die Vertriebenen zurückkehrten, weil sie keine Nahrung mehr gefunden hatten – sie hatten ja die Künste des Umherziehens vergessen – und zornig waren, da

nahmen sie Stöcke und verjagten sie wieder. Und die
Hungrigen ihrerseits nahmen Stöcke und kehrten zurück und schlugen die anderen. Und als sie nicht mehr
schlagen konnten, wichen sie voneinander und siehe da,
da lagen welche am Boden und rührten sich nicht. Und
die das sahen, rauften die Haare und nannten es –
Krieg.

6.5 Die Erfindung des Fortschritts

Bitte einmal kurz festhalten, sonst wird Ihnen beim
nächsten Zitat von Rolf Löther schwindlig. „Der Urtyp
der Bevölkerungsreproduktion entstand mit der
Anthropogenese[52] und ist für urgesellschaftliche Samm-
ler- und Jägergemeinschaften kennzeichnend. Er lässt
die Bevölkerungszahlen im großen und ganzen stagnie-
ren ... Verbunden mit dem Umschwung der Produktiv-
kräfte[53] fand die demographische Transition vom ursprünglichen zum primitiven Typ der Bevölkerungsreproduktion statt. Mit im Vergleich zur Altsteinzeit ver-
ringerter Sterblichkeit und erhöhter Geburtenrate konnte die Bevölkerung langsam, aber beständig zuneh-
men."[54]

Bis auf die Vermutung einer verringerten Sterblichkeit
kann ich Löther hier nur zustimmen. Mit dem Zusammenbruch des Klimas in den jüngeren Dryas brachen

---

52 der Entwicklung zum Menschen
53 Übergang zu Ackerbau und Viehzucht
54 Rolf Löther: Der unvollkommene Mensch. Philosophische Anthropolo-
    gie und biologische Evolutionstheorie. Berlin 1992. S. 245 f.

auch die jahrhunderttausende alten Nahrungsketten zusammen. Die Umstellung auf eine höchst einseitige Kost, die mühsam angebaut werden musste, führte zu erhöhter Anfälligkeit für Krankheiten und massiver Kindersterblichkeit. Mit der Rückkehr des gemäßigten Klimas am Ende der jüngeren Dryas nach etwa 1000 Jahren, wurden die Bedingungen für den Anbau wieder deutlich besser. Jetzt konnte ein zweiter Umbruch stattfinden. Der Anbau von Getreide wurde leichter, das Überleben der kleinen Gruppe, dass von einer hohen Geburtenrate abhing, wurde einfacher, die Geburtenrate allerdings blieb hoch. Niemand musste mehr umherziehen und all sein Sack und Pack und Kind aufladen. Die Bevölkerung wuchs stetig und es ergab sich ein völlig neues Problem: Es wurden zu viele Menschen. Neue Not drohte und wurde abgewendet. Mit den erworbenen Techniken war nämlich jetzt auch eine Wanderung in Gebiete möglich, die zuvor für Menschen lebensfeindlich gewesen waren. Und so dehnte sich langsam der Teil der Menschen, die die neue Sozialisation als Bauern erfahren hatten, aus. Zuerst in die durch die Klimakatastrophe entvölkerten Gebieten, schließlich auch in Gegenden, die von wandernden Jägern und Sammlern bevölkert waren.

Wer Macht und Angst hat, will die Macht behalten und die Angst besiegen. Die Angst ruft immer: es reicht noch nicht, tu mehr, sammel mehr Macht, die Nachbarn sind bestimmt stärker als Du, besiege sie und Du besiegst Deine Angst.

Die mehrschichtige Ausdehnung – Expansion – in Form von Bevölkerungswachstum und Ausbreitung ist noch heute das Kernthema moderner Gesellschaften. Hier hat es noch andere Formen eines höher schneller, weiter, eines Wachstums um jeden Preis, eines „mehr desselben" angenommen, die alle damit auf der ursprünglichen Ausdehnungslogik der ersten Bauern beruhen.

6.6 Die Erfindung von Zukunftsangst

Die Todesangst ist eine Erfindung, die sich nahtlos an die Erfahrungen der ersten Bauern anschließt. Diese mussten erleben, wie bedroht ihre gesamte Existenz war. Bis dahin waren Angsterfahrungen konkrete Reaktionen auf aktuelle Bedrohungen von Leib und Leben. Mit dem Ende der Drohung kann sich die Angst wieder legen. Ein gutes Beispiel hierfür sind Herdentiere, die sich nach einer Panik durch das Auftauchen eines Jägers rasch wieder beruhigen, gerade, wenn der Jäger ein Opfer gefunden hat.

Die Möglichkeit einer gedanklichen Vorwegnahme einer Bedrohung in der Zukunft (erst möglich nach der Erfindung der Zukunft) schafft nun aber auch die Möglichkeit einer Vorwegnahme der mit der Bedrohung verknüpften Angst. Unser menschlicher Körper kann aber überhaupt nicht unterscheiden, ob die Bedrohung tatsächlich existiert oder ob ich sie mir nur vorstelle – ich werde mit der gleichen Angst reagieren.

Mit der Erfindung der Zukunftsangst entsteht also eine neue Qualität von Angst: diese Angst wird mich nicht wieder verlassen, denn die vorgestellten Bedrohungen hören ja nicht wieder auf. Von nun an also galt es, einer dauerhaften Angst immer wieder etwas entgegen zu setzen (die Versicherungswirtschaft lebt davon heute sehr gut, aber auch andere Sicherungssysteme wie Militär, Polizei, Rentenkassen, Gefängnisse, forensische Kliniken).

Die Erfindungen von Zukunft, Macht und Fortschritt sind – genauer gesagt – wahrscheinlich eigentlich Imitationen. Natürlich gab es bereits Lebewesen, die auch in Gebieten überleben konnten, wo das Klima eine Dürreperiode vorsah. Und Leittiere waren sicherlich auch aus dem Tierreich schon bekannt. Auch eine rasend schnelle Ausbreitung und Verdrängung anderer Lebensformen liess sich in der Natur am Beispiel von Pilzbewuchs leicht studieren. Die verschiedenen Angebote der Natur in der neuen Umwelt nun für den Zweck des eigenen Überlebens zu kopieren, ist wohl die menschlichste aller Fähigkeiten.

Nur, wer es sich leisten konnte, bleibt „dumm". Der Apfel vom Baum der Erkenntnis war die bittersüße Medizin, die der Menschheit ein Überleben ermöglicht hat. Ein Überleben wohlgemerkt – kein Paradies. Die Idee eines Sündenfalls erscheint dann in dieser Geschichte eher eine nachträgliche Rechtfertigung der unverständlichen Naturgewalten - die Götter können nicht fehlen, also müssen wir gesündigt haben.

7 Die nächste Generation

Es scheint eine menschliche Erfahrung zu geben, die uns am intensivsten erschüttert: die Abspaltung und die Drohung einer Abspaltung. Sei es die Trennung von einem geliebten Menschen durch Trennung oder Tod (oder schon die Befürchtung einer solchen Trennung), der Gedanke an den eigenen Tod, sei es der Verlust sogar materieller Gegenstände, sei es der plötzliche Zusammenbruch meiner gewohnten Sicherheiten in einer schockierenden Situation, sei es das Nein, die Ablehnung eines innigen Wunsches – wir Menschen reagieren darauf mit einer nicht logisch nachvollziehbaren massiven überwältigenden Angst, die sich in diesen Situationen oft sogar ähnelt. Kann es sein, dass all diese so unterschiedlichen Erlebnisse einen gemeinsamen Kern haben? Wir erfahren eine Abspaltung (oder die Drohung davon – für unsere innere Welt scheint das keinen Unterschied zu machen). Kann es sein, dass hier eine Urerfahrung wieder aufgeweckt wird, eine Erinnerung an eine Abspaltung, die für uns gleichbedeutend war mit einer tödlichen Bedrohung? Welche „Kandidaten" kommen für eine solche Urerfahrung in Frage? Wir alle haben eine Geburt erlebt, den Übergang aus einer allseits umsorgten, schützenden Umgebung in eine kalte, laute und schmerzerfüllte Welt. Dieses „Geburtstrauma" schien lange Zeit eine Erklärung für viele Verstörungen und Ängste der Menschen zu bieten. Otto Rank beschäftigte sich schon in den zwanziger Jahren des 20. Jahrhunderts intensiv mit dieser Frage.[55] Diese erste

55 Rank, Otto: Das Trauma der Geburt. Gießen 2007

körperliche Spaltung des Menschen – ich nenne sie Somatolyse[56] erleben allerdings auch alle Primaten, ohne für uns erkennbare bleibende seelische Schädigungen davonzutragen. Das Argument einer körperlichen Veränderung, die aufgrund des aufrechten Ganges zu einer Veränderung des Geburtskanals bei der Frau geführt hat, und so dem Kind bei der Geburt mehr Schmerzen zufügt, vermag ich hier nicht abschließend einzuschätzen. Allerdings halte ich eine zweite Abspaltungserfahrung beim Menschen für wesentlich einschneidender. Mit der Trennung von einem warmen Körperkontakt, der noch das vertraute Herzschlagmuster spüren lässt und dem alleine liegen macht der Säugling eine entsetzliche Erfahrung von allererster Todesangst. Ich nenne dies die Thanatopholyse.[57] Sie löst einerseits eine verzweifelte Sehnsucht nach Geborgenheit aus, danach, uns wieder ganz zu fühlen (nach einer Spaltung haben wir wohl zu Recht das Empfinden, dass uns etwas wichtiges fehlt), andererseits erkennt der Säugling bald, dass diese Hoffnung aussichtslos scheint und trennt sich selber von diesem allzu schmerzhaften Erleben ab. Da dies ein selbstgesteuerte Abspaltungs-Handlung ist, nenne ich sie Autolyse[58]. Wenn in einer späteren Zeit eine neue Abspaltungserfahrung (eine Trecholyse[59]) erlebt wird, die diesen selbstgewählten Schutz-Panzer der Autolyse (Selbstspaltung) durchbricht, wird wohl zwangsläufig auch wieder die Thanatopholyse (Todes-

56 griechisch: Soma – Körper; lysein – lösen
57 griechisch: Thanatos – Tod; Phobos – Angst
58 griechisch: autos – selbst
59 von griechisch: trechon – gegenwärtig

angst-Spaltung) aktualisiert und dann in der Gegenwart intensiv als massive irrationale Angst erlebt.

Das Unglück wird uns in die Wiege gelegt – in diesem Satz steckt im Grunde schon alles drin. Es gibt eine Wiege, in die zuerst einmal die Säuglinge gelegt werden, weg gelegt werden, getrennt werden von der Mutter, dem Vater, vom glücksnotwendigen Körperkontakt. Damit wird der Grundstock gelegt – diese Trennung löst Todesangst aus und zwangsläufig die totale Unterwerfung unter die, die diese Angst beherrschen, die kommen und wieder gehen können, wie sie es wollen. Dann kann dem Kind alles weitere „in die Wiege gelegt" werden.

Was aber kann den Menschen daran gehindert haben, diesen Mechanismus schon vor Tausenden von Jahren zu erkennen und durch einfachste Gegenmaßnahmen wieder aus der Welt zu schaffen? Wieso haben nicht Mütter und Väter (ältere Geschwister, Tanten, Onkel etc.) ihre Säuglinge in ununterbrochenem Körperkontakt getragen, bis diese von alleine sich auf den Weg machen, die Welt zu erkunden? So machen es alle Primaten auch heute noch: „ständiger Körperkontakt zwischen Müttern und Säuglingen ist von entscheidender Bedeutung."[60] Das wird nicht über Menschen, sondern über Schimpansen geschrieben. Wie kann es kommen, dass sich bei allen ausführlichen Geburtsbeschreibungen auch bei den sogenannten „Wilden" (denen doch häufig

---

60 Falk, Dean, Susanne Kuhlmann-Krieg: Wie die Menschheit zur Sprache fand: Mütter, Kinder und der Ursprung des Sprechens. München. 2009. S. 18

ein noch ungebrochener Kontakt zu den ursprünglichen Instinkten nachgesagt wird) immer eine solche geradezu ritualisierte Trennungserfahrung findet? Die soeben geborenen Säuglinge werden weggelegt, festgezurrt, gewogen und gemessen.

Schon in der Bibel[61] werden vorgeschriebene Rituale bei einer Geburt beschrieben (die hier die untreue Frau Jerusalem nicht erfährt): „Und [was] deine Geburt [betrifft]: an dem Tag, als du geboren wurdest, wurde deine Nabelschnur nicht abgeschnitten, und du wurdest nicht mit Wasser abgewaschen zur Reinigung und nicht mit Salz abgerieben und nicht in Windeln gewickelt". Die Krippe der Weihnachtsgeschichte ist nichts anderes als eine der frühesten Erwähnungen einer Ersatz-Wiege („und sie gebar ihren erstgeborenen Sohn und wickelte ihn in Windeln und legte ihn in eine Krippe"[62]).

Geburt durch die Zeiten und Welten

In der europäisch geprägten Kulturlandschaft lassen sich diese systematischen Trennungserfahrungen von Säuglingen auf zahlreichen bildlichen Darstellungen beobachten. In dem reich bebilderten Werk von Friedrich von Zglinicki[63] lassen sich diese Elemente auf sakralen und profanen Bildern vom Mittelalter bis in die Neuzeit nachweisen.

---

61 Altes Testament: Die prophetischen Bücher, Hesekiel, 16, 4, ungefähr 600 v. Chr geschrieben
62 Lukas, 2.7, im ersten Jahrhundert nach Christus geschrieben
63 Geburt und Kindbett im Spiegel der Kunst und Geschichte. Aachen 1990

Unklar bleibt allerdings das Schicksal des Neugeborenen beim Austreiben der Nachgeburt. Auf der einzigen Darstellung einer Nachgeburtsszene, die Zglinicki zeigt[64], ist der Säugling nicht mit dargestellt, beide anwesenden Hebammen kümmern sich um die Gebärende.

Das erste Bad des gerade geborenen Kindes taucht bei Zglinicki auf profanen wie sakralen Bildern immer wieder auf, sogar in Darstellungen der Geburt Christi, wo trotz der erbärmlichen Ausstattung des Stalles selten auf das Zeigen eines solches erstes Bad des Kindes verzichtet wird. Vermutlich stammt diese Tradition von der antiken Vorstellung der Unreinheit, die eine Geburt auf Mutter und Neugeborenes werfe.[65] Schon Soranos von Ephesos, ein griechischer Arzt, der um 100 n. Chr. in Rom arbeitete, macht genaueste Vorschriften über eine Waschung (eher ein Peeling mit Salzkörnern) des Neugeborenen, nachdem er andere Bade-Praktiken bei Germanen, Skythen und manchen griechischen Stämmen kritisiert.[66] Aber auch im Japan des 14. Jhd. wird diese Tradition bildlich dargestellt.[67]

Im Zusammenhang mit dem ersten Bad wird auf bildlichen Darstellungen bei Zglinicki häufig eine Kindsübergabe von der Hebamme an die Mutter gezeigt. Mal ist es bereits gewickelt (auch, wenn für das erste Bad die Wassertemperatur gerade noch geprüft wird), mal nackt. Wo

64 Zglinicki, S. 45
65 Zglinicki, S. 23, Dierichs, Angelika: Von der Götter Geburt und der Frauen Niederkunft. Mainz 2002. S. 212
66 zitiert nach: Dierichs. S. 211
67 Zglinicki, S. 190

war das Kind vorher? Zglinicki schreibt von einer alt-römischen Tradition, nach dem der Säugling dem Vater vor die Füße gelegt wird. Hebt er es auf, nimmt er es damit als seines an, lässt er es liegen, muss es sterben.[68] Dierichs führt diese Tradition genauer aus[69], sie schreibt: „Nach vollkommenem Austritt aus dem Mutterleib legt man das Kind auf den Erdboden. Seine Lebensfähigkeit beweist der Schrei, der durch den Kontakt mit der Erde ausgelöst wird. Ist diese Vitalitätsprüfung abgeschlossen, bleibt das Neugeborene noch eine Zeit auf dem Boden liegen, um sich vom Geburtsschock zu erholen."

Die Wiege – in Bildern zur Geburt Christi die Krippe – ist ein wesentliches Merkmal der meisten Darstellungen. Hierein wird das Kind gelegt, zwar in Reichweite eines mütterlichen Armes, der aber nur schaukeln oder vorsichtig berühren darf.[70] Es gibt Bilder[71], bei denen die Gottesmutter, die ja eher idealisiert und sicher nicht negativ gezeigt werden soll, sich dem Kind zuwendet, dass die Arme nach der Mutter ausstreckt. Ein Körperkontakt findet aber nicht statt.

Statt im Körperkontakt mit der Mutter zu sein, wird der Säugling stramm gewickelt. Soranos macht hier ebenfalls detaillierte Angaben über das Vorgehen, dessen Ergebnis dem Säugling keinerlei Bewegungsfreiheit lässt und

68 Zglinicki, S. 57
69 Dierichs, S. 217 f.
70 Zglinicki, Bilder Seite 135, 136
71 Zglinicki, Seite 139, 141, 144, 145 links

es von jeglichem Körperkontakt zuverlässig abschottet.[72]

Aus der ägytischen Tradition wird ein Text aus dem Papyrus Westear aus dem 17 Jhd. v. Chr. zitiert[73], wo die Geburt dreier Pharaonen geschildert wird, die von fünf Göttern assistiert wird. Nachdem das erste Kind geboren ist, sagt der Text: „Hierauf wuschen sie es, schnitten ihm die Nabelschnur ab und legten es auf ein Lager von Ziegeln. … Dreimal wiederholt sich der Vorgang mit den gleichen Worten."

Die erste Nahrung, so fordert Soranos[74], solle auf keinen Fall von der Mutter kommen, sondern von einer Amme. Weiter führt er aus: „In gewissen Grenzen lasse man sein [des Kindes] Schreien andauern, bedeutet es doch eine von der Natur gewollte Kräftigung der Atemwege."[75] Keinesfalls sollte die Amme das Kind mit ins Bett nehmen, auch schon damals aus der Sorge: „damit sie es nicht durch unvorsichtiges Umherwälzen drückt oder erstickt."[76] Immerhin wird an den Ermahnungen wohl auch erkennbar, dass es diesen – aus meiner Sicht sehr natürlichen – Impuls, dem Kind auch in der Nacht Körpernähe zu gewähren, noch gegeben haben muss.

---

72 Dierichs, S. 94 f.
73 Dierichs, S. 74
74 Dierichs, S. 109
75 Dierichs, S. 110
76 Dierichs, S. 110

Es scheint also, dass es lange gepflegte Traditionen des weglegens von Säuglingen gibt, die vermutlich bei unseren so sehr geliebten Kindern entsetzliche Ängste erzeugen, denen sie dann lebenslang ausgesetzt sind. Wie kann das kommen, was für einen Sinn kann das ergeben?

Aus einem Erziehungsratgeber, der bis in die 80er Jahre in Deutschland vertrieben wurde: „Versagt auch der Schnuller, dann, liebe Mutter, werde hart! ... Das Kind begreift unglaublich rasch, dass es nur zu schreien braucht, um eine mitleidige Seele herbeizurufen. Nach kurzer Zeit gibt es keine Ruhe mehr, bis es wieder getragen, gewiegt und gefahren wird – und der kleine, aber unerbittliche Haustyrann ist fertig."[77]

Wie also kann es kommen, dass die Nachfahren die verzweifelten Fehler ihrer Vorväter und -mütter so ungebrochen fortsetzen? Welcher geheimnisvolle Mechanismus ist dafür verantwortlich, dass die Menschheit zwar einerseits unglaublich viel neues Wissen anhäuft, es aber andererseits immer wieder für die brutalst möglichen Zwecke einsetzt? Was ist das Scharnier, dass die Not von einer Generation zur nächsten transportiert?

„Auf der ... Reproduktion der Bevölkerung, beruht der Fortbestand der Menschheit ... Im umfassenden Verständnis ist menschliche Reproduktion ... die Erzeugung

---

77 Haarer, Johanna: Die Mutter und ihr erstes Kind. München 1961. S. 201, 1934 das erste Mal unter dem Titel: „Die deutsche Mutter und ihr erstes Kind" erschienen

der menschlichen Individuen in der Einheit der biotischen, sozialen und kulturellen Dimensionen ihres Daseins ... Die Familie ist die innergesellschaftliche Einheit, die für die menschliche Reproduktion grundlegend und vorherrschend ist."[78]

Dieses etwas schwerfällige Zitat trifft genau den Kern meiner Überlegung. Der Übergang von einer Generation zur nächsten bestimmt das Gesicht der Welt. Ein einmal errungener kultureller „Fortschritt" darf natürlich nicht von einer nächsten Generation leichtfertig verspielt werden. Für die in der Jungsteinzeit gerade erst erfundene Kriegergesellschaft gilt es dann natürlich auch, so schnell wie möglich, aus „verwöhnten" Muttersöhnen und –töchtern wehrhafte, rücksichtslose Krieger und Kriegerinnen (lange Zeit eher rücksichtslose Mütter, Schwestern, Geliebte oder Ehefrauen von Kriegern) zu produzieren.

Ein Studium von Initiationsriten bei Stämmen, die noch nicht die westliche Kultur angenommen haben, und – viel näher – der Ausbildung in den Elitearmeeschulen der sogenannten zivilisierten Nationen zeigt mustergültig, wie aus weichen, zarten Menschen-Wesen Killermaschinen gemacht werden. Die erste Lektion besteht im Schleifen der Rekruten, in der Forderung nach völliger Selbstaufgabe, der Auslöschung der letzten Reste eigenen Willens, der Unterwerfung unter auch noch so absurde Befehle. Die Tötung eines anderen Menschen

78 Rolf Löther: Der unvollkommene Mensch. Philosophische Anthropologie und biologische Evolutionstheorie. Berlin 1992. S. 243

scheint so ungeheuer weit vom ursprünglichen „Programm" des Menschen entfernt, dass es einiger massiver Kunstgriffe bedarf, um die natürlichen Impulse dermassen weit zu überlagern, dass der organisierte Mord in denkbare Reichweiten rückt. Erst, wenn bedingungsloser Gehorsam und das Eintrichtern eines Feindbildes einen Korpsgeist und eine neue Prägung auf die „Mutter der Kompanie" geschaffen haben, kann das an unmenschlichen (!) Grausamkeiten geschehen, was den Kriegsberichterstatter seit der Erfindung dieses Berufes erschauern lässt.

Und da man besser früh krümmt, was ein Abzug werden soll, beginnt das Training zum Krieger direkt nach der Geburt. Vermutlich kann eine spätere Ausbildung zum Krieger überhaupt nur gelingen, weil sie eine Vertiefung einer bereits früher gemachten Erfahrung ist. Dem gerade geborenen kleinen Wesen, dass noch keine Zukunft kennt, dass noch ganz verträumt im Hier und Jetzt schwebt, werden früh grausame Wunden beigebracht, wird die Sicherheit des geborgen Seins in der Welt zertrümmert. Am wirkungsvollsten hat sich hier das alleine lassen des Säuglings erwiesen. Für einen Säugling existiert ein Kontakt nur im Jetzt. Wenn die vertrauten Wesen, die Nahrung, Wärme und Sicherheit bieten, aus dem Körperkontakt verschwinden, dann geht die Welt unter. Diese Folter kann sich der erwachsene Mensch nicht annähernd entsetzlich genug ausmalen. Es sind die schweren Schritte, die für den Kandidaten in der Todeszelle den Priester zur letzten Ölung ankündigen, es sind die Befehle des Erschießungskommandos. Die Verzweiflung in den Klagen der verlassenen Kinder, dieses grenzenlose Entsetzen, dass uns so rührt und so hilflos macht, ist genau dass, wonach es sich anhört – erbärmliche Todesangst. Kinder sind erst nach einer Elitesoldatengrundausbildung von ungefähr sechs Monaten in der Lage, zu begreifen, dass etwas, das jetzt nicht spürbar da ist, überhaupt noch existiert und – vielleicht – wiederkommt. Andersherum bedeutet das: ein Kind unter einem halben Jahr weiß todsicher, es kommt niemals wieder jemand zurück – das war es jetzt. Klar, dass es schreit und sich oft kaum wieder beruhigen lässt. Diese Schreie berühren unsere Seele wahrscheinlich deswegen so gewaltig, weil sie unsere eigene uralte entsetzliche Verzweiflung wieder aufsteigen lassen. Darum können wir das Schreien so schlecht aushalten – wo wir doch „alles" für das Kind getan haben (jedenfalls, wenn wir den Erziehungsratgebern glauben). Aus diesem Grund ticken so viele Eltern aus, die dieses Elend nicht stoppen können. Das muß doch irgendwann aufhören, dieses nervenzerfetzende Jammern! Und dann wird auch schon mal geschüttelt, werden Kissen auf kleine Köpfe gepreßt, werden Kinder aus dem Fenster geworfen. Wenn das Klagen des überlebenden Kindes zur großen Erleichterung der Eltern endlich aufhört, ist nichts anderes passiert, als dass das Kind aufgegeben hat. Es hat seine Versuche, ein menschenwürdiges Leben zurück zu bekommen, eingestellt, sich (vorläufig) damit abgefunden, dass es nur noch um das nackte Überleben geht.

7.1 Die Säuglingsforschung

Die moderne Säuglingsforschung sollte der Ort sein, wo Antworten über die wichtige Frage nach der gesunden Entwicklung eines Kindes zu finden sein müßten. Neben den vielen klugen Ergebnissen klafft aber ein riesiger weißer Fleck auf der Landkarte der Kindesforscher. Zwar wird ein Zärtlichkeitsbedürfnis als grundlegend und angeboren angenommen. Es gibt aber keinerlei Untersuchungen darüber, wie sich der Unterschied zwischen vollständiger Befriedigung dieses Bedürfnisses und der teilweisen oder völligen Versagung auf Kinder auswirken könnte. Das bahnbrechende anthropologische Buch von Jean Liedloff[79] über dieses Thema wird in der wissenschaftlichen Forschung schlicht ignoriert. Das bedeutet etwa dasselbe, als wenn man ein Gebäudes bauen möchte, sich aber nicht um ein Fundament bemüht. Es sieht zwar vielleicht ganz nett aus, der erste Windstoß pustet aber alles wieder um. Wenn Jean Liedloff recht hat, sind alle Untersuchungen über die „normale" Entwicklung von Kindern an schwer verstörten, seelisch verstümmelten Kindern vorgenommen worden. Das ist, als wenn man herausfinden will, wie Katzen laufen, hat aber nur zweibeinige Katzen als Studienobjekt. Dass manche der Folgerungen da natürlich haarsträubend sein müssen, wird leicht verständlich. Hier wird dann auch eine Vermutung von Adler auf eine perverse Art wahr: „Bleibt dem Kinde der Umweg über die Kultur erspart, erlangt es nur Befriedigung

---

79 Jean Liedloff: Auf der Suche nach dem verlorenen Glück. München 2009, immerhin bereits 1977 das erste Mal erschienen

primitiver Art, und diese ohne Verzögerung, so bleiben seine Wünsche stets auf sofortige, sinnliche Lust gerichtet. Seine Triebe zeigen sich dauernd *ungezähmt, unerzogen.* Dabei kommt ihm vielfach die Neigung der Eltern entgegen, deren Freude es sein mag, sich von sinnlos hätschelnden, kosenden Kindern umgeben zu sehen, folgend den Erinnerungsspuren ihrer eigenen Kindheit. — Bei derart erzogenen Kindern wird stets eine der *ursprünglichen* Formen der Befriedigung auffallend bevorzugt erscheinen. Auch die Entwicklung von Selbständigkeit, Initiative und Selbstzucht leidet Mangel."[80] Wenn man unter Selbständigkeit die Fähigkeit versteht, schon als Säugling auf sich alleine gestellt zu überleben, dann wird tatsächlich eine solche Entwicklung durch die Befriedigung des Zärtlichkeits-, Nähe- oder Körperkontaktbedürfnisses gestört. Wie widersprüchlich das Gebäude der Beschreibung des Wesens Mensch ist, mögen zwei Zitate von Alfred Adler belegen. So heißt es einmal, „optimale Frustrationen" können zu früheren Entwicklungsschritten führen, dann wiederum löst die „höchste Entmutigung im Gemeinschaftserleben" extreme Anpassungsversuche aus. Wenn jetzt das wichtige Zärtlichkeitsbedürfnis (Kontakt-, Nähebedürfnis) frustriert wird, löst man sicherlich frühere Entwicklungsschritte aus, nur die Beschreibung als optimal bleibt mir dabei im Hals stecken. Eher neige ich zu der zweiten Beschreibung dieser Entwicklungen als extremen Anpassungsversuchen nach „höchster Entmutigung". Adler beschreibt dann sehr präzise die Vorgänge dieser Entmutigung, kommt dabei allerdings zu dem fatalen

80 Adler, Alfred: Heilen und Bilden. München 1914 S. 64

Schluß, diese Abläufe seien normal und damit erstrebenswert: „In der Regel – und vernünftigerweise [?? Anm. des Autors] – ist eine Befriedigung des Begehrens nach Zärtlichkeit nicht ganz umsonst zu erlangen. Und so wird das Zärtlichkeitsbedürfnis zum Hebel der Erziehung. Eine Umarmung, ein Kuß, eine freundliche Miene, ein liebevoll tönendes Wort sind nur zu erzielen, wenn sich das Kind dem Erzieher unterwirft, also auf dem Umweg über die Kultur [genau! Anm. des Autors]. In gleicher Weise wie von den Eltern ersehnt das Kind Befriedigung vom Lehrer, später von der Gesellschaft. Das Zärtlichkeitsbedürfnis ist somit ein wichtiger Bestandteil der sozialen Gefühle geworden [sogar deren Kern - Anm. des Autors]. Begreiflicherweise hängt von einer richtigen Führung dieses Triebkomplexes ein großer Teil der Entwicklung ab. Und es ist bei dieser Betrachtung recht deutlich zu sehen, wie eine Teilbefriedigung [also ein gezieltes teilweises Nicht-erfüllen Anm. des Autors] des Trieblebens ein unerläßlicher Faktor der Kultur wird, ebenso wie der verbleibende unbefriedigte Triebkomplex den ewigen, immanenten Antrieb zu einer fortschrittlichen Kultur [Stichwort: Expansion Anm. des Autors] gibt. Auch die fehlerhaften Richtungen, auf die das Zärtlichkeitsbedürfnis geraten kann, sind leicht zu ersehen. Der Impuls soll, ehe er zur Befriedigung gelangt, zum Umwege verhalten werden, er soll die Kultur des Kindes treiben. Dadurch werden Weg und Ziel des Zärtlichkeitsbedürfnisses auf eine höhere Stufe gehoben und die abgeleiteten, geläuterten Gemeinschaftsgefühle [eher: die verirrte Gemeinschaftssehnsucht - Anm. des Autors] erwachsen in der

Seele des Kindes, sobald das Ziel Ersatzbildungen zu-
läßt, sobald an die Stelle des Vaters etwa der Lehrer, der
Freund, der Kampfgenosse [!! Anm. des Autors] treten
kann. Damit muß sich die Ausdauer der Triebregung,
die Toleranz für die Spannung eng verknüpfen. Die
Entbehrung der Befriedigung soll nicht das psychische
Gleichgewicht vernichten [was es unweigerlich dennoch
tut! Anm. des Autors], soll nur die Energie wachrufen
und die kulturelle Aggressionsstellung [!! Anm. des Au-
tors] erzeugen. Bleibt dem Kind der Umweg über die
Kultur erspart, erlangt es nur Befriedigungen primitiver
Art, und diese ohne Verzögerung, so bleiben seine
Wünsche stets auf sofortige, sinnliche Lust gerichtet."[81]

Diese These von Adler aus den Anfängen des letzten
Jahrhunderts über die zu prompte Erfüllung eines Zärtlichkeitsbedürfnisses zieht sich wie ein Leitfaden durch
die Erziehungsmythen bis in die heutige Zeit. „Du
darfst dein Kind nicht so sehr verwöhnen, du mußt es
einfach auch mal schreien lassen". Dieser grausame
Ratschlag hat (mindestens) einen berühmten Vater.

Die Säuglingsforschung kann – trotz ihrer gravierenden
blinden Flecken – an einigen Stellen wertvolle Beiträge
für das Bild von kleinen Kindern liefern. So scheint
inzwischen erwiesen, dass Kinder direkt nach der Geburt erkennen können, ob sie alleine oder mit jemandem
zusammen sind. Sie können auch die Mutter schon nach

---

81 Adler, Alfred: Heilen und Bilden. München 1914/ Frankfurt 1973. S. 64

fünf oder sechs Tagen am Geruch erkennen.[82] Während lange Zeit davon ausgegangen wurde, dass Säuglinge keine Gefühle empfinden können – auch keine Schmerzen (bis in die fünfziger Jahre wurden Säuglinge ohne Betäubung operiert![83]), weiß man heute, dass sie sehr wohl in der Lage sind, die Gefühle zu empfinden, die sie im Gesichtsausdruck zeigen.[84] Die abgrundtiefe Verzweiflung eines Säuglings, die wir sehen und hören, ist also echt.

7.2 Der innere Schweinehund

Mit der Zerstörung des Urvertrauens des gerade geborenen Kindes ist dann der Boden bereitet für alle weiteren Lektionen in der Kriegerausbildung. Der nächste Schritt, der folgt, ist die Erziehung.

Erziehung als Konzept verfolgt dasselbe Prinzip wie die Kriegerinitiationen (beinahe) auf der ganzen Welt: Stählung für ein Überleben in feindlicher Umwelt. Der erste Feind, den es so früh (und immer wieder aufs neue) zu bekämpfen gilt, ist der „innere Schweinehund", oder – anders ausgedrückt – der letzte Rest der natürlichen menschlichen Impulse, oft schon bis zur Unkenntlichkeit verzerrt. Eine Dressur der Sauberkeitserziehung, ein Toilettentraining, das Erlernen des Bedürfnisauf-

---

82 Dornes, Martin: Der kompetente Säugling. Die präverbale Entwicklung des Menschen. Frankfurt 2008. S. 42
83 Chamberlain, David B.: Babies remember pain. In: PRE- AND PERINATAL PSYCHOLOGY, Volume 3, Number 4 1989: Pages 297-310
84 Dornes, S. 40

schubs („nein, das bekommst Du erst, wenn wir zu Hause sind") trifft bei den Kindern – aus meiner Sicht völlig zu Recht – auf erbitterten Widerstand. Wer schon einmal ein Kind beobachtet hat, dass sich im Supermarkt auf den Boden wirft und strampelt, weil es den Lolli will, den die Mutter (oder auch der seltene Vater, der die Einkäufe tätigt) genau nicht kaufen will, wird Zeuge einer Machtprobe titanischen Ausmaßes. Hier stehen sich nicht nur ein – peinlich berührter – Erwachsener und ein trotziges Kind gegenüber, sondern es treffen zwei Welten aufeinander. Ein Wunsch nach sofortiger sinnlicher Bedürfniserfüllung ringt mit dem Erziehungsideal der Unterwerfung. Es mag eingewendet werden, dass es wohl kein natürliches Bedürfnis sein kann, einen Lutscher genau jetzt zu bekommen. Dem stimme ich zu. Schon lange vorher nämlich ist zwischen dem Erwachsenen und dem Kind geklärt, dass es nicht mehr um die natürlichen Bedürfnisse nach Körperkontakt, Nähe und Zärtlichkeit geht – die sind schon lange außerhalb der Reichweite des Kindes. Hier geht es nur noch um – zumindest erreichbar erscheinende – verschobene Bedürfnisse. Die Süßigkeit erscheint als der Trost, der zu bekommen sein könnte[85] und darum wird geradezu verzweifelt gekämpft.

Die als „klassisch" bezeichneten Entwicklungsphasen wie 3-Monats-Koliken, Schrei- und Trotzalter, Frageterror, Geschwisterrivalität, Pubertätskonflikte können so in einem vollkommen anderen Licht erscheinen: Immer,

---

85 Und die Süßwarenindustrie weiß nur zu genau um das Suchtpotenzial von Zucker

wenn ein Kind eine nächste Stufe der geistigen oder körperlichen Fähigkeiten erklommen hat, wird derselbe alte Kampf wieder aufgenommen: kann ich vielleicht nun – mit meinen neuen Fähigkeiten und Erkenntnissen – das verlorene Glück zurückerobern?

Eine weitere Etappe in der Erziehung (die nächste Lektion in der Kriegerausbildung) ist die Vorbereitung auf einen (Konkurrenz-) Kampf in feindlicher Welt. Es gibt kaum Kinderspiele, die nicht einen Gewinner sehen. Spätestens in der Schule werden Leistungen mit Noten bewertet, die schon früh eine Weichenstellung für die spätere Berufswahl darstellen können. „Non scholae, sed vitae discimus" erweist sich als zwar falsch zitiert[86], aber nur zu wahr. Bei Klassenstärken von dreißig Kindern oder mehr kann aber wohl auch ein Unterricht nur gelingen, wenn den Kindern die Unterwerfung unter die Autorität der Lehrerin zügig beigebracht werden kann – weitere Schläge in dieselbe Kerbe.

7.3 Unterwerfung als Erziehungsziel

Der Staat beruht nicht, wie Rousseau[87] idealerweise gefordert hat, auf einem Vertrag mündiger Bürger.[88]

---

86 Lucius Annaeus Seneca der Jüngere (1-65 n. Chr.) meinte damals noch umgekehrt: Non vitae, sed scholae discimus

87 Der übrigens die Begründung des Privateigentums am Boden als Ursprung der menschlichen Tragödien ansah: „Der erste, der ein Stück Land mit einem Zaun umgab und auf den Gedanken kam zu sagen »Dies gehört mir« und der Leute fand, die einfältig genug waren, ihm zu glauben, war der eigentliche Begründer der bürgerlichen Gesellschaft. Wie viele Verbrechen, Kriege, Morde, wieviel Elend und Schrecken wäre dem Menschengeschlecht erspart geblieben, wenn jemand die Pfähle ausgeris-

Das Fundament des Staates – wie wir ihn vorfinden, seit es diesen Begriff gibt[89] – ist wahrscheinlich ein Scheiterhaufen zertrümmerter Kinderseelen. Erst dieses gnadenlose Opfer schafft die Grundvoraussetzung, mit der ein so aufgeblähtes Gemeinwesen, wie es ein Staat ist, überhaupt funktionieren kann – Angst. Es ist die nackte Angst vor der körperlichen und seelischen Vernichtung, die einen jeden von uns zwingt, all die mehr oder weniger unsinnigen Gesetze und Regeln einzuhalten, die als Kitt einen Staat zusammenhalten. Warum beispielsweise wird Alkohol erlaubt und besteuert, das deutlich harmlosere Marihuana (wenn man von neuen Turbozüchtungen absieht) als Einstiegsdroge verteufelt? Die Realitäten der sozialen Folgekosten sprechen eine andere Sprache.[90] Welchen Sinn machen beispielsweise die aufgeblähten Armeen der heutigen Staaten? Gegen eine entschlossene Bevölkerung, die sich für eine bestimmte Ordnung einsetzt, liessen sich noch nie Kriege gewinnen. Die Wenigen, die sich – scheinbar ohne Angst – einen Dreck um ihr persönliches Wohlergehen besorgen, und als Märtyrer oder terroristische Fanatiker (je nach Standpunkt des Betrachters) ihr Leben opfern, beunruhigen uns genau deswegen immer wieder aufs

sen und seinen Mitmenschen zugerufen hätte: »Hütet euch, dem Betrüger Glauben zu schenken; ihr seid verloren, wenn ihr vergesst, dass zwar die Früchte allen, aber die Erde niemandem gehört.« Rousseau, Jean-Jacques: Akademieschrift 2. Teil, Discours

88 Jean-Jacques Rousseau: Der Gesellschaftsvertrag oder Prinzipien des Staatsrechts. Wiesbaden 2008
89 Also mindestens seit Platons Politeia (um 370 v. Chr.), in der er sich auf einen städtischen Stände-Staat bezieht
90 Um kein Mißverständnis entstehen zu lassen: Ich plädiere für einen – durch keinen Drogennebel verstellten – klaren nüchternen Blick auf das, was wir mit unserem täglichen Handeln kreieren oder zulassen (und damit weiter verfestigen)

tiefste. Denn sie stellen die gemeinsame Formel auf den Kopf, die da lautet: Ruhe ist die erste Bürgerpflicht. Ihr Schicksal mahnt uns alle daran, was uns tatsächlich blüht, wenn wir uns nicht an Gesetz und Ordnung halten: Früher ans Kreuz geschlagen, heute in der Psychiatrie verfaulen oder ohne Verfahren als Terrorist eingeschätzt und von einer Rakete zerfetzt werden.

Die Angst hält den Staat zusammen und den Bürger in Reih und Glied. Aber nicht eine beliebige Angst taugt hierfür, es ist die Angst vor der Todesstrafe des Verstoßen-Werdens. Mit einer solchen Strafe erst einen Erwachsenen zu bedrohen, wird nicht genug Wirkung zeigen. Bedrohe ich aber ein Kind, ein Neugeborenes, damit es zu verlassen, erreiche ich das Ziel – todsicher. Ein Neugeborenes, dass den Körperkontakt zu einem Menschen verliert, kann nicht wissen, ob jemals wieder ein Mensch zurückkehren wird – eine tödliche Bedrohung. Die sogenannte Objektpermanenz (das Wissen darum, dass etwas noch da ist, auch wenn ich es nicht sehen kann) bildet sich als Fähigkeit erst am Ende des ersten Lebenshalbjahres. Der jüngere Säugling glaubt nicht an die „substanzielle Permanenz des Dinges."[91] Für ein allein gelassenes Kind, das jünger ist, besteht die Welt von diesem Augenblick an aus Leere und Verzweiflung. Auch, wenn bald jemand zurückkommt, das Kind hat den Todeskuss der Zivilisation[92] bereits erhal-

91 Piaget, Jean: Der Aufbau der Wirklichkeit beim Kinde. Stuttgart 1975 (zuerst 1937 erschienen)
92 Es ist aus dem Urvertrauen herausgestoßen, klammert sich an die „Beherrscher" seiner Not und unterwirft sich ihnen. Von hier ist es nur ein kleiner Schritt zur Unterwerfung unter die Regeln eines Staates.

ten. Das Schreien des Kindes (so ganz anders als der Hunger- oder Schmerzprotest) ist ein verzweifeltes Brüllen um die verlorene Unschuld.

Warum sollte ein liebender Vater, eine liebende Mutter ihr Kind so foltern? Alle wollen doch nur das Beste für ihren Nachwuchs, für die Zukunft der Welt. Wir wollen ihnen alles geben, was wir schätzen. Wir wollen unsere kleinen Engel bestmöglich auf das vorbereiten, was auf sie zukommt in dieser teuflischen Welt. Und genau das tun wir, wenn wir unsere Neugeborenen dem unendlichen Schmerz einer frühen Trennung aussetzen. Und um eine Trennung handelt es sich auch, wenn sie nur wenige Minuten dauert – das Neugeborene kann nicht wissen, wann wir wiederkommen, es weiss nicht einmal, ob überhaupt jemand wiederkommt, es ist sich im Gegenteil sogar völlig sicher, dass niemand wiederkommt.

7.4 Was Hänschen nicht lernt...

Warum sind wir so grausam zu denen, die wir am meisten lieben? Wie häufig im menschlichen Verhalten können wir eine Antwort vermuten, wenn wir uns nicht auf noch so plausibel scheinende Begründungen verlassen, sondern uns die Auswirkungen dieser Handlungen anschauen. Was also folgt auf die Todesangst der Trennung bei den Kindern? Lange Zeit wurden Neugeborene als passiv betrachtet und als unfähig zu lernen. Erst in neuerer Zeit haben wir auch den „kompetenten Säugling"[93] kennengelernt. Dieser kompetente Säugling wird in seiner Not eine Lösung finden. Die meisten Kinder wählen die Unterwerfung und damit das Überleben.[94] Sie fügen sich dem Diktat der Erwachsenen. Um nie wieder in eine solche Todesangst zu kommen, werden Kinder genau darauf achten, was von ihnen erwartet wird. Die Angst vor dem Verlassen werden ist der Hebel der Erziehung. „Tu was ich dir sage, sonst habe ich dich nicht mehr lieb – und dann gehe ich von dir weg" dieses Damoklesschwert schwebt von nun an (ob ausgesprochen oder nicht) über den zertrümmerten Kinderseelen. Diese durch Folter erzwungene Unterwerfung bildet die Basis für den Gehorsam in Schule, Beruf und den Gesetzen gegenüber. Und dieser Gehorsam des braven Bürgers ermöglicht erst die Gesellschaft, wie wir sie kennen. Die oft beklagte erstaunliche Duldsamkeit der breiten Masse gegenüber Ungerechtigkeiten aller Art könnte genau hier ihre Erklärung finden.

Erziehungsratgeber, die empfehlen, das Kind doch mal richtig schreien zu lassen, begingen dann praktisch Beihilfe zum Mord (Mord an den Seelen und manchmal auch den Körpern der Kinder). Kinderwagen wären rollende Isolationskerker. Und wie sollten wir nicht schuldig werden an unseren Kindern? Auch, wenn es

---

93 Dornes, Martin: Der kompetente Säugling. Die präverbale Entwicklung des Menschen. Frankfurt 2008.

94 Kann es vielleicht sogar sein, dass der immer noch unverstandene plötzliche Kindstod ein resigniertes Aufgeben des seelisch verstörten Säuglings ist? Ein Überblick zum Thema findet sich unter: http://www.aerzteblatt.de/archiv/44402, darin findet sich allerdings auch der – aus meiner Sicht fatale – Ratschlag, dass die Säuglinge in einem eigenen Bett schlafen sollten.

uns das Herz bricht, zerstören wir – nicht bewußt, aber – ganz gezielt das offene Vertrauen der Kinder – wie sonst könnten wir sie vor den Verführern schützen, die es sonst unweigerlich an unserer Stelle tun würden? Mit klarem Wissen lügen wir sie an. Sei immer stark, sei mutig, vertrete deine Meinung, predigen wir ihnen, um dann in Gedanken und Taten hinzuzufügen: aber bloß nicht hier bei mir.

Einer Mutter (als der auch heute immer noch haupt- und meist alleinverantwortlichen Erziehungsperson) zu sagen, dass sie ihr Kind nicht bestmöglichst behandelt, wird beinahe automatisch eine hitzige Debatte auslösen. Kaum eine Mutter ist frei von dem schlechten Gewissen, dass sie irgend etwas wesentliches übersieht, nicht hinbekommt. Sie versucht diese Ahnung mit einer ungeheuren Menge von guten Ratschlägen zu betäuben, mit einer schier übermenschlichen Anstrengung – und dennoch: die dunkle Ahnung, dem eigenen Kind gerade nicht das geben zu können, was es wirklich braucht, zerreißt jedes Mutterherz. Und die bittere Wahrheit scheint zu sein, dass diese Ahnung nur allzu recht hat. Wir wollen unseren Kindern Liebe geben, Vertrauen und Geborgenheit – und was wir geben (ohne es zu wollen) ist Verrat und Verlassen. Das klingt so unsinnig, dass sich die Frage nach dem Wozu geradezu aufdrängt: Wozu sollten wir so etwas tun? Es scheint so zu sein: Wir wollen nur eines mehr als unser Kind glücklich zu sehen: es leben zu sehen. Und als wenn eine donnernde Stimme in uns ruft: „Entscheide Dich, Du kannst Deinem Kind nur eines schenken, Glück oder Leben" wählen wir das Leben. Und in dieser Wahl verdammen wir unsere Kinder zum Unglück, verurteilen es zur lebenslangen verzweifelten Sehnsucht nach dem verlorenen Paradies. Zurecht höre ich jetzt die entsetzten Aufschreie der Mütter: Niemals würde ich so etwas tun! Eher sterbe ich, als mein Kind unglücklich zu machen.

Auch wenn wir es nicht sehen wollen, genau das ist es, was wir unseren Kindern antun und wir tun es, damit wir alle so leben können, wie wir es heute tun.

Es ist spätestens jetzt an der Zeit, sich direkt an all die erschrockenen und empörten Eltern zu wenden, die sich als unbarmherzige Folterknechte im Dienste eines grausamen Gesellschaftssystems beschrieben sehen:

Niemand quält sein Kind mit Absicht. Jede Mutter, jeder Vater will das Beste für sein Kind, will es glücklich wissen! Alle Eltern tun das Beste, was sie wissen und können. Und natürlich orientieren sich die gewissenhaften Eltern an dem, was ihnen Vorbilder, Ratgeber und eigene Überlegungen als sinnvoll und richtig erscheinen lassen. Und genau hier mogeln sich auch die Kernansichten der Zivilisation mit in den Erziehungsprozess. Wir wollen unsere Kinder zu tüchtigen Mitgliedern in dieser Gesellschaft machen, der wir uns selber unterworfen haben, die wir selber als „die Beste aller Welten"[95] hinnehmen. Wie aber sollen wir unsere Kinder auf eine Welt vorbereiten, in der es so viel Verrat, Verbrechen und Verzweiflung gibt? Könnten wir es aushal-

95 Leibniz, Gottfried Wilhelm: Theodizee. 1710.

ten, ihnen nicht eine Angst vor dem „schwarzen Mann"
einzupflanzen, können wir wirklich die Kinderseelen frei
und voller Vertrauen in das Gute im Menschen wachsen
lassen? Müssten wir nicht gerade dann befürchten, dass
unsere unschuldigen Kinder zu Opfern werden, ausge-
nutzt, mißbraucht von Menschen, die sich von einer
solchen Unschuld magisch angezogen fühlen, weil sie
sie selber einerseits verzweifelt vermissen und andererseits bei anderen nicht aushalten können und sie zerstören, gerade indem sie versuchen, sie sich zu eigen zu
machen? Müssen wir nicht unseren Kindern einen
Schutzpanzer gegen das Übel in dieser Welt mitgeben?
Es ist ein fatales Dilemma, dem sich liebende Eltern
gegenüber sehen: Einerseits wollen sie ihre geliebten
Sprößlinge frei, klar und vertrauensvoll wissen, andererseits sollen sie/müssen sie lernen, sich einzufügen, an-
zupassen, sich zu unterwerfen.

Und so sägen wir mit Tränen in den Augen und einem
blutenden Herz aus Liebe lieber selber die Seele unserer
Kinder entzwei, bevor es todsicher andere aus Gier tun.

Wir brauchen uns wahrscheinlich dennoch überhaupt
nicht darüber wundern, warum so viele Kinder Opfer
von Mißbrauch[96] werden. In der Art von Erziehung, wie
sie derzeit von uns allen praktiziert wird, steckt bereits

---

96 Leider hat sich für sexuelle oder körperliche Übergriffe von Erwachsenen gegenüber Kindern weitgehend das Wort Mißbrauch eingebürgert,
obwohl es – aus meiner Sicht völlig unangemessen – einen „Gebrauch"
von Kindern nahezulegen scheint. Auch hier schimmert eine ganz bestimmte Haltung dem Kind gegenüber durch: es sollte bitte ordnungs-
gemäß gebraucht werden, wie jede andere beliebige Ware dieser Kon-
sumgesellschaft.

ein systematischer Mißbrauch – ein Mißbrauch der Macht, die die Erwachsenen über die Kinder haben. In dem Augenblick, in dem wir unserem Kind ein so grundlegendes Bedürfnis der ersten Lebensmonate wie die dauerhafte körperliche Nähe entziehen, begehen wir – zwar unwissentlich und sicher ungewollt – eine grausame Folter. Wenn sich das Kind dann verzweifelt dagegen zur Wehr setzt, wenden wir die gesamte Palette unserer Machtmittel an, damit wir wieder unsere Ruhe bekommen. Die Definition von Mißbrauch an Kindern sieht kaum anders aus: um Bedürfnisse eines Erwachsenen zu erfüllen, werden Kindern seelische und/oder körperliche Schmerzen zugefügt. Der beste Schutz gegen Mißbrauch – so lehrt die Präventionsarbeit ganz richtig – besteht darin, Kinder dazu zu ermutigen, nein zu sagen, wenn ihnen etwas nicht gefällt, dafür zu sorgen, dass unangenehme Situationen solange verändert werden, bis es wieder für sie okay ist.

Genau diese Fähigkeiten werden aber in der ganz normalen Erziehung auf das Gründlichste frustriert. Babys, die schreien, weil ihnen die körperliche Nähe fehlt, lernen sehr nachhaltig, dass es ihnen nichts hilft, sich zu beschweren, dass auch ein noch so lautes „Nein" zu dieser unerträglichen Situation nicht reicht. Spätere Beteuerungen, jetzt werde ein Nein aber respektiert, klingen dann wohl eher höhnisch.

7.5 Der Buddha landet hart

So wie das Embryo im Mutterleib die verschiedenen
Etappen der Entwicklung des Lebens vom Einzeller
über das Amphibium zum Menschen im Zeitraffer zu
durchlaufen scheint[97], so wird vielleicht ein weiterer
Schritt der menschlichen kulturellen Entwicklung nach
der Geburt künstlich hergestellt – die Vertreibung aus
dem Paradies.[98]

Einen solchen scharfen Knick in der Lebenslinie kann
man anhand von Babyfotos leicht nachvollziehen. Die
allerersten Bilder von viel getragenen Säuglingen zeigen
häufig noch einen abwesenden Gesichtsausdruck, die
süßen Kleinen scheinen noch nicht richtig gelandet zu
sein. Irgendwann sind dann die Augen riesengroß, hell-
wach und aufmerksam – die Landung war hart, jetzt
muß zugesehen werden, wie Baby das Beste aus der
verzweifelten Lage macht. Auf einen voreingenomme-
nen Beobachter wirken diese Fotos immer noch süß,

---

97 Die Ähnlichkeiten zwischen Phylogenese (der Entwicklung der Arten)
    und der Ontogenese (der Entwicklung eines einzelnen Lebewesens), die
    Ernst Haeckel 1866 als biogenetische Grundregel formuliert hatte (Hae-
    ckel, Ernst: Generelle Morphologie. I: Allgemeine Anatomie der Orga-
    nismen. II: Allgemeine Entwickelungsgeschichte der Organismen, Berlin,
    1866), werden aktuell wieder kontrovers diskutiert: von Biologen ver-
    worfen, von Anthropologen wieder aufgegriffen – siehe nächste Fußno-
    te.
98 Für die geistige Entwicklung des Menschen werden neuerdings wieder
    Verbindungen zwischen der Evolution des Menschen und der Entwick-
    lung von Kindern gezogen (Mithen, Steven: The prehistory of the mind,
    2003, 66-68, Parker, S.T. & Gibson, K. R. A developmental model for
    the evolution of language and intelligence in Early Hominids, Behavioral
    and Brain sciences 3 (1979), 367-408)

mit dem Wissen um die Zerstörung der Glücksfähigkeit bleibt allerdings ein schaler Nachgeschmack.

Die Reste der natürlichen Impulse machen sich im weiteren Verlauf der Entwicklung zu einem vollwertigen Mitglied der zivilisierten Gesellschaft immer wieder als Protest gegen die systemerhaltende Quälerei bemerkbar. Nach jedem geistigen und körperlichen Entwicklungsschritt wird der Protest aufs neue mit den nun neu zur Verfügung stehenden Mitteln ausgetragen. Das Trotzalter ist so ein Aufflackern von Restwiderstand. Schon ist dem Kind nicht mehr so genau klar, was genau es ist, was da fehlt, glasklar ist jedoch, dass etwas fehlt. Es lässt sich vergleichsweise leicht wieder ablenken, mit Spielzeug, Süßigkeiten, ein paar Worten – die Ruhe hält aber auch nur kurz an. Wer lässt sich schon auf Dauer mit einem Lutscher abspeisen, wenn es inniger Körperkontakt ist, der fehlt? Längst hat das Kleinkind die Versuche aufgegeben, ein kindgerechtes Verhalten zu fordern, was übrigbleibt, sind (oft wahllose) Forderungen. Ein paar Jahre später tritt die nächste Krise in das Zusammenleben von Eltern und Kindern. Die pubertären Jugendlichen hinterfragen ganz prinzipiell und drastisch, was ihnen von den Erwachsenen vorgelebt wird. Sie grenzen sich manchmal geradezu fanatisch von den Eltern ab, ihre Botschaft ist: „So kann es doch nicht richtig sein. Das ist euer Vorschlag, wie Menschen glücklich werden? – und wie hat es bei euch funktioniert? Wohl doch eher gar nicht!" Was weiter fehlt, ist die Antwort auf die Frage, wie geht es denn dann? Die eine Zeitlang in den Medien so beliebten „Midlife-Krisen" erscheinen ebenfalls Proteste gegen die Anpassung an eine Lebensweise zu sein, die dem hungrigen Seelentier Mensch die Speisung verweigert. Der Mensch im mittleren Lebensalter hat die Ziele erreicht, von denen er sich das Glück versprochen hatte (es sich hat versprechen lassen) – und muss nun verzweifelt feststellen: das Glück ist nicht gekommen. Klar, dass er oder sie sich jetzt auf einen neuen Weg macht, oft radikal bricht mit dem, was bisher selbstverständlich und normal schien – immer auf der Suche nach dem Eigentlichen des Lebens.

7.6 Die Erinnerung ans Paradies

In uns tragen wir wahrscheinlich eine – wie auch immer verzerrte – Erinnerung an ein verlorenes Paradies und die lebenslange Sehn-Suche nach dem Verlorengegangenen treibt uns voran.

„Wir sind in der Tat eine Art Engel, der keine Flügel mehr hat. Aber wir erinnern uns, dass wir sie einmal hatten."[99]

Schon Platon, dessen Denken weite Teile auch des heutigen westlichen Glaubenssystems definiert hat, beschäftigte sich mit etwas, dass er die wahre Wohnung der Seele nennt, aus der sie einst vertrieben wurde (er nimmt an, sie komme aus der Welt der Vollkommenheit und nehme schon beim Übergang in den Menschenkörper davon wieder Abschied). Die vagen Erinnerungen

---

99   Albino Luciani (1912 - 1978), Papst Johannes Paul I.

an diesen Ort erwecken – wie er glaubte – in der Seele eine unstillbare Sehnsucht nach ihren Ursprung.[100]

Die Erinnerung an eine Zeit, in der es keine Not gab, die es zu wenden gab, und die Hoffnung darauf, diesen Ort wieder zu erreichen, lässt uns die „Pfeil und Schleudern des wütenden Geschicks erdulden" uns „wappnen gegen eine See von Plagen."[101]

8 Die Geschichte der Sieger

Was lässt sich von diesen Ideen historisch oder archäologisch belegen?

Ein Dilemma der Frühgeschichtsforschung besteht darin, dass sie eine Kulturgeschichte ist (und wohl bleiben muß). Sie ist darauf angewiesen, Spuren zu interpretieren, die die Jahrtausende überstanden haben. Je mehr Substanz die Zeit verschont hat, umso vielfältiger das Material, mit dem spekuliert werden kann. Die Natur (sprich ihre stärkste Säure Entropie) hat all das wieder in den Recycling-Kreislauf zurückgeführt, was nicht niet- und nagelfest gemacht wurde. Außer seltenen Glücksfällen wie Moor- und Gletscherfunden oder anderen „natürlichen" Konservierungstechniken ist das vorliegende Material über die Ursprünge der Menschwerdung sehr

---

100 Platon: Phaidon 108e–114c; siehe auch Phaidon 80d–81a. In: Platon: Sämtliche Werke, hrsg. Ursula Wolf. Reinbek 2006 und in: http://gutenberg.spiegel.de/buch/2430/82.
http://gutenberg.spiegel.de/buch/2430/81
101 Shakespeare: Hamlet, Monolog 3. Aufzug, 3. Akt

dürftig. Außer Knochenresten, Bodenverfärbungen und bearbeiteten Steinen gibt die Erde nicht viel Informationen über die frühesten Menschen preis. So sehr ich auch die Geschicklichkeit der Forscher bewundere, aus diesen mageren Resten Interpretationen über unsere Urahnen abzuleiten – es bleibt immer eine vage Spekulation, die sich um konkretes Handeln, aber nicht um Gedanken, Empfindungen, Vorstellungen oder innere Haltungen dreht. Der Mensch, der keinen Abfall hinterlässt, hinterlässt keine auswertbaren Spuren. Erst, wenn es Zeugnisse gibt, die in größerer Zahl die Zeitläufte überstanden haben, ohne zu dem Staub geworden zu sein, aus dem sie geschaffen wurden, können vorsichtige Aussagen darüber gemacht werden, was in den Schädeln vorgegangen sein mag, als sie noch lebendig waren. Wer aber hinterläßt Spuren, aus denen sich unser Bild des Menschen in seinen Anfängen bilden konnte? Die Jäger und Sammler, die „den lieben Gott einen guten Mann" sein ließen, sich ansonsten nicht um Kulte kümmerten, sondern um ihr täglich Brot (nein: nicht Brot, das setzt Getreideanbau, setzt Seßhaftigkeit und Vorratshaltung voraus) – um ihr täglich Korn, Käfer, Wild und Beere? Die ihre Werkzeuge aus dem herstellten, was ihnen die Natur reichlich spendete (Holz, Steine, Blätter)? Was bleibt in hundert Jahren, wenn die letzten Berglandgorillas in Zentralafrika ausgestorben sind, von ihnen übrig außer Knochen (und der Erinnerung der „zivilisierten" Wesen, die sie vernichteten)?

Erst, als die Erfindung des Übermorgen gemacht war, besannen Menschen sich auch auf die Dauerhaftigkeit von Produkten, seien es Häuser oder Seelen. Ein Begriff des Jenseits setzt Zweifel an der Vollständigkeit des Diesseits notwendig voraus. Nur, wem es hier nicht reicht, erfindet Götter. Und erst nun entstehen die Dinge, die die heutige Archäologie und Frühgeschichtsforschung als Ausgangspunkt ihrer Spekulationen nehmen kann, weil sie auf Dauer angelegt und damit dem automatischen Verfall entzogen sind (man könnte auch sagen: mit der Erfindung von Müll beginnt die Geschichte des Menschen).

Fast alle Erklärungen über das Wesen des Menschen, die diese Wissenschaften liefern, haben also das Manko, dass sie zwangsläufig an einem Punkt weit nach der Entstehung des „modernen" Menschen ansetzen müssen. Sie können uns etwas berichten über die erfolgreichen Unternehmungen, aber keine Aussagen über die Ursprünge des zivilisierten Menschen machen. Wenn der Mörder überlebt und sein Opfer vergessen ist, kann man leicht auf den Gedanken kommen, den Aggressionstrieb für etwas allen Menschen ursprünglich innewohnendes zu halten. Und im Grunde ist in der Frühgeschichte der „modernen" Menschheit[102] nichts anderes passiert. Die sanften Jäger und Sammler waren den – durch ihr Überlebenstraining kaltblütig und auch sehr zahlreich gewordenen – bäuerlichen Artgenossen hoffnungslos unterlegen und verschwanden beinahe spurlos aus der Geschichte. Die Vollständigkeit ihres Niedergangs (ihrer Vernichtung oder Vertreibung in lebensfeindliche Umwelten) lädt geradezu dazu ein, sie für

102 So, wie ich die Informationen interpretiere

einen Irrtum der Evolution zu halten wie die Saurier. Mit welchem Recht allerdings tun wir das außer dem des Bequemen, der sich die Welt aus dem zusammenreimt, was er gerade zur Hand hat, oder dem Recht des Siegers, der seine Sichtweise der Welt für die einzig mögliche hält und für das hartnäckig dennoch weiter bohrende „Unbehagen in der Kultur"[103] eine Beschwichtigung sucht?

Krebs ist fitter

Mit „Survival of the Fittest" hat das nichts zu tun - genausogut könnte man behaupten, eine Krebszelle sei besser für das Überleben ausgestattet, als die gesunde, wenn sie diese nämlich verdrängt.

Der Preis, den die Sieger in diesem Wettstreit der Lebensweisen zu bezahlen hatten, war – Unglück. Den Pfad des Hier und Jetzt zu verlassen, wurde von den Göttern grausam bestraft. Wer vom Baum der Erkenntnis aß, wurde aus dem Paradies vertrieben (wahrscheinlich eher umgekehrt: wer aus dem Paradies geschmissen wurde, mußte ganz schnell vom Baum der Erkenntnis essen, wenn er nicht verhungern wollte). Jetzt hatte der Mensch seine Unschuld verloren, wußte er um Gut und Böse – die erste Persönlichkeitsspaltung der Menschheit. Von nun an mußte er hinter dem verspielten Glück hinterherhetzen und nannte seine Bewegungen Fortschritt. Ein Fortschritt, dem alles geopfert wurde, was erobert werden konnte. Die unstillbare scheinende Gier

103 Freud, Sigmund: Das Unbehagen in der Kultur. Stuttgart 2010

nach innerem Frieden nahm keine Rücksicht, konnte keine nehmen. Der Mensch – ganz Mund ohne Magen – stopfte, kaute, schluckte und wurde nicht satt. Heute fressen wir die Zukunft unserer eigenen Kinder und unserer Urgroßenkel gleich mit.

Der edle Wilde

Dass der „edle Wilde" sich in den allermeisten Fällen als Trugschluß, als Wunschdenken der Forscher herausgestellt hat, ist wohl auch kein Zufall. Einmal spricht es sicherlich für die Sehnsucht der unglücklichen Anthropologen, die die süßen Trauben des unschuldigen Glücks in Nachbars Garten sehen wollten, weil sie doch irgendwo sein mussten. Aber auch die überlebenden Sammler-/Jäger-Gesellschaften mussten, wenn sie nicht seit Anbeginn der Zeit völlig unzugänglich lebten, sich in einer Auseinandersetzung mit Überlebenskriegern befunden haben, denn diese haben sich – durch keinerlei Unbilden der Natur aufhaltbar – rasant ausbreiten können. Nahezu alle Schutzräume, die das Paradies noch hatte, wurden längst von rastlosen Horden überrannt. So ist heute selbst dort, wo „Milch und Honig fließen" Kriegerkalkül eingekehrt.

Ist der Mensch nun gut oder böse?

Viele Lehrer – spirituelle und weltliche – fordern uns auf, unsere Aggression, unsere Wut, die Eifersucht, ja alle sogenannten „negativen" Gefühle abzulegen – wie ein zerschlissenes Kleidungsstück, dass dem modernen

117

Menschen nicht mehr angemessen sei. Andere Gelehrte behaupten, der Mensch sei im tiefsten Grunde ein bösartiges, niederträchtiges Raubtier.[104]

Beide gehen von sehr realen Beobachtungen aus und kommen dann zu einseitigen Schlußfolgerungen. Es ist immer wieder zu sehen, dass der Mensch dem Menschen ein Wolf sein kann. Jeder grausame Einfall scheint bald willige Vollstrecker zu finden. In den Annalen der Geschichte (und der Berichterstattung heutiger Tage) findet sich jede Niedertracht, die sich ein perfider Geist nur ausdenken konnte.

Aber wohl jeder Mensch kennt in sich selber so etwas wie mörderische Wut, blutrünstige Fantasien und heiße Racheschwüre – ohne, dass diese Impulse ausgelebt werden.

Und mindestens genauso hartnäckig wie die aggressiven Impulse hält sich in den Herzen und Seelen der Menschen eine tiefe Sehnsucht nach vollkommener innerer Zufriedenheit, ein inniges Glücksbegehren. Wir alle wollen nichts anderes als von innen strahlen, die so belastenden Gefühle von Einsamkeit, Trauer und Zorn für immer aus unserem Herzen verbannen.

Dieser Widerspruch zwischen Glücks-Sehnen und Aggression-Taten hat seit Beginn der (mündlichen und schriftlichen) Überlieferung die Menschen erstaunt,

---

104 Lorenz, Konrad: Das sogenannte Böse. Zur Naturgeschichte der Aggression. München 1998

erbittert und zum Nachdenken veranlasst. Erstaunlicherweise scheint kaum eine der unzähligen religiösen, philosophischen, psychologischen, neurobiologischen oder anthropologischen Gedanken und Theorien eine Idee dazu zu haben, wie diese beiden menschlichen Impulse denn auf natürliche Weise zusammen im Menschenwesen Platz finden. Immer wieder scheint nur eine Sonderstellung des Menschen im Kosmos als Erklärung weiterhelfen zu können.

Entweder handelt es sich beim Menschen um eine Art kosmischen Betriebsunfall, der leider mit selbstzerstörerischen Defekten ausgestattet ist. Oder der Mensch ist dem Rest der Schöpfung überlegen und das Böse kommt durch „die anderen" in die Welt, die partout nicht einsehen mögen, dass doch nur an meiner Sicht der Dinge die Welt genesen könne.

Es ist erstaunlich, dass diese merkwürdige Lücke sich trotz der versammelten Hochintelligenz der Weltgeschichte, die sich mit diesem Thema auseinander gesetzt hat, immer noch besteht. Möglicherweise gab es ja eine Art Betriebsblindheit, die verhindert haben könnte, dass der Mensch in allen seinen Möglichkeiten gesehen wurde. Stellen wir uns vor, wir wollten etwas über das Leben von Katzen herausfinden. Stellen wir uns weiter vor, wir würden jetzt bei den Katzen, die wir beobachten, sehen, dass die Katzenmutter jedem Katzenkind direkt nach der Geburt das rechte Vorderbein abbeißen würde. Wenn wir diese Beobachtung bei allen Katzen machen, gehen wir selbstverständlich davon aus, dass es sich hierbei um etwas katzentypisches handelt. Wenn wir das Wesen von Katzen erkennen wollen, befassen wir uns dann damit, wie sich dreibeinige Katzen verhalten, wie sie laufen, jagen, sich paaren.

Dieses Beispiel ist mit voller Absicht so grauselig gewählt worden.

Könnte es nicht sein, dass alle Menschenerforscher den Gegenstand ihrer Neugier ähnlich verkrüppelt vorgefunden haben und deswegen zu solchen eher unentschiedenen, widersprüchlichen Ergebnissen gekommen sind? Die Forschungsreisen von Jean Liedloff[105] zu den Yequana-Indianern im Dschungel Venezuelas in den 70er Jahren des vergangenen Jahrhunderts scheinen hier deutliche Hinweise zu geben. Sie fand – damals noch jenseits der Reichweite der Zivilisation – Menschen vor, die einen drastisch anderen Umgang mit ihren Neugeborenen und Säuglingen pflegen, als er (zumal in dieser Zeit) im sogenannten „Westen" gepflegt wird, nämlich einen ununterbrochenen Körperkontakt bis zum Krabbelalter. Sie schloss, dass die verblüffende Friedfertigkeit, das Fehlen so vieler für völlig selbstverständlich gehaltener Entwicklungsphasen wie 3-Monats-Koliken, Schreialter, Trotzalter, Geschwisterrivalität, Pubertät und Generationenkonflikte genau auf diesem anderen Umgang gründen.

---

105 Liedloff, Jean: Auf der Suche nach dem verlorenen Glück. München 2009

Bevor ich auf diese Studien traf, habe ich selber in den Chor derjenigen eingestimmt, die den Menschen als „Irrtum der Evolution" einschätzen und ihm eine düstere Zukunft prophezeit. Seither bin ich in das Lager der Hoffnungsvollen zurückgekehrt – mit einer sich immer weiter klärenden Idee darüber, wie das Verhältnis von „gutem" Streben und „bösem" Tun aussieht.

9 Zusammenfassung

Ausgehend von der Annahme, dass eine psychische Störung um so dramatischere Auswirkungen hat, je früher sie in der kindlichen Entwicklung auftritt, muss die Frage nahe liegen, was die Folgen einer extrem frühen (peri- oder postnatalen: während oder gleich nach der Geburt) Störung sein kann.

Regelmäßig finden sich schon in den Stunden und Tagen nach der Geburt Trennungserlebnisse, die der Säugling wahrscheinlich als massive Traumatisierung erlebt, einen Verlust, der katastrophal ist und endgültig erscheint.

Wenn wir dennoch dieses Verhalten nahezu universell entdecken können, muss es hierfür wichtige – über Jahrhunderte und Kulturen hinweg stabile – Gründe geben.

Aus den Folgen einer solchen Trennungsspaltung lassen sich möglicherweise Rückschlüsse auf die Sinnhaftigkeit genau dieser elterlichen Pflegehandlungen ziehen. Hier werden nämlich die Grundlagen für ein lebenslanges unstillbares Verlangen nach Ganzheit, Geborgenheit und Glück geschaffen. Mit dem Beginn der Angst und dem Verlust des Urvertrauens entsteht das Glücks-Begehren.

Dieses Begehren wird von den übermächtigen Autoritäten, denen sich die Kinder gegenüber sehen, zur Ausformung der Kultur genutzt. Das Versprechen einer Rückkehr in den Zustand der bedingungslosen Geborgenheit schafft die unwiderstehliche Versuchung, sich den Anforderungen der Gesellschaft zu unterwerfen.

Diese Unterwerfung unter ein höheres Ganzes ist selber wichtige und unverzichtbare Voraussetzung dafür, junge Menschen gezielt einem tödlichen Risiko aussetzen zu können. Die freiwillige, manchmal begeisterte Teilnahme am Krieg mit dem Risiko des gewaltsamen Todes drückt die unzähmbare Hoffnung aus, durch diesen Akt der Selbstaufgabe wieder aufgenommen zu werden in die Mitte des Lebens. Zur Ehre Gottes und des Vaterlandes – geben wir unser Leben.

Nur durch die Bereitschaft Kriege zu führen, schien es in der Vergangenheit möglich, ein politisches Gebilde als überdauernd auch nur zu denken (und auch heute noch ist der schamhaft Verteidigungshaushalt genannte Militäretat mit der größte Posten der Staatsausgaben auch in Deutschland, dass seit 20 Jahren „von Freunden umzingelt" wird).

122

Die Schulung der Unterwerfung gelingt nur, wenn sie früh beginnt und erscheint als die zentrale Grundlage jedes Staates.

Als Beginn der dramatischen Veränderung des menschlichen Sozialverhaltens lässt sich die neolithische Revolution vermuten. Eine Klimaveränderung (die jüngere Dryas) hatte vor etwa 13000 Jahren zu einer massiven Trockenheit geführt, das jagdbare Wild war verschwunden, die Menschen eigentlich dem Hungertod ausgeliefert. In dieser Not "erfanden" (eher intensivierten) Menschen die gezielte Förderung von Nahrungspflanzen, den Ackerbau, und die Nachzucht von Tieren, die vorher gejagt worden waren. Während das zweite noch in nomadisierender Lebensweise umzusetzen war (ein Lebensmodell, dass sich auch heute noch in Gebieten finden lässt, die sich nicht für den Ackerbau eignen), konnte das erstere wohl nur in Seßhaftigkeit gelingen. Untersuchungen über den Körperbau der ersten Bauern zeigen, dass es sich hier nicht um einen glorreichen Aufstieg auf der Entwicklungsleiter gehandelt hat, sondern um eine verzweifelte Notreaktion. Die ersten Bauern waren durchweg kleiner, litten unter vielfältigen Krankheiten, die Kindersterblichkeit war enorm. Auch war das Überleben durch Ernteausfälle immer wieder bedroht. Wie konnte es nun kommen, dass dieses Lebensmodell sich nahezu weltweit ausbreiten konnte? Welche Fähigkeiten oder Fertigkeiten machten die bäuerliche Lebensweise zu einer Erfolgsgeschichte?

Das Überleben der Bauern konnte nur gesichert werden, wenn es gelang, die Zeiten bis zur nächsten Ernte durch eine Vorratshaltung aus der letzten Ernte zu überbrücken. Allein das Konzept einer umfassenden Zukunftsplanung hatte sicherlich einen kaum zu unter schätzenden Einfluß auf das Erleben, Denken und Verhalten der ersten Bauern. Nomadisierende Jäger zogen ihrer Nahrung hinterher, sie befanden sich (idealtypisch) im Paradies von immer während endem Angebot. Sie mussten sich keine Gedanken um eine Zukunft machen, sie reisten – buchstäblich – mit leichtem Gepäck.

Die Bauern hingegen mussten eine Zukunftssorge entwickeln: "Reicht der Vorrat? Wie muss ich ihn gegen Nahrungskonkurrenten schützen, damit er für mich und meine Sippe reicht?" Das – in rudimentärer Weise sicherlich schon angelegte und aus der umgebenden Natur vertraute – Prinzip der Hierarchie wurde von den erfolgreichen Bauern (nur die haben ja überlebt und ihre kulturellen Errungenschaften bis auf uns weitergegeben) in eine Machtstruktur ausgebaut, die das eigene Überleben gegen die Konkurrenz von etwa verhungernden Nomaden sichern half. Eine hohe Geburtenzahl (als zwingend notwendiges Regulativ gegen die im Vergleich zu Jägern dramatisch erhöhte Kindersterblichkeit) führte in guten Zeiten bald zu einem Bevölkerungsdruck, der eine Expansion unausweichlich machte. Und die guten Zeiten kehrten zurück, als etwa eintausend Jahre nach einsetzen der Kälteperiode wieder ein Temperatursprung die klimatischen Bedingungen deutlich verbesserte.

Mit diesen drei Prinzipien (Zukunftsplanung, Macht und Expansion) haben wir schon die notwendigen Komponenten für die weltumspannende Erfolgsgeschichte der bäuerlichen Lebensweise beisammen, in der sie – wir müssen uns das wieder vor Augen führen – auf kleine Gruppen von nomadisierenden Jägern traf, denen diese Prinzipien unvertraut waren. Die Ergebnisse dieser Konfrontation waren daher vorhersehbar und in einer ungefähren Analogie an der Verdrängung und Vernichtung der nordamerikanischen Indianer durch die spätestens ab Mitte des 19. Jahrhunderts massenhaft einströmenden europäischen Siedler nachvollziehbar.

Was für eine Fortschreibung dieser Gesellschaftsform noch fehlt, ist die Weitergabe der Unausweichlichkeit dieser Prinzipien mit ihren negativen Begleiterscheinungen wie Bedürfnisaufschub, Unterwerfung und Krieg auf jeweils nachfolgende Generationen. Was sollte die erneute „Verweichlichung" verhindern, wenn erst einmal die Existenz gesichert war? Wie kann eine „kulturelle Aggressionsstellung"[106] beibehalten werden? Wenn die Weitergabe dieser Grundprinzipien an Kulturtechniken wie Spracherwerb oder der Vermittlung von handwerklichem Wissen gekoppelt wäre, wäre sie erstens störanfällig und variabel, zweitens wäre sie uns sicherlich – zumindest über den geschichtlichen Rückblick – offensichtlich. In der individuellen menschlichen Lerngeschichte lassen sich immer wieder Beispiele für etwa Unterwerfungsrituale finden – die ganze Regelschule ist auch ein immenser Dressurakt an Kindern – aber für

106 Adler, Alfred: Heilen und Bilden. München 1914/Frankfurt 1973. S. 64

ein inzwischen universelles Geschehen erscheinen sie als ungeeignet. Es scheint deshalb so zu sein, dass dieser Vorgang der Initiation auf einer ganz elementaren Ebene vollzogen wird. Ich wähle bewußt das Wort Initiation, denn die bekannten Initiations-Riten von sogenannten Naturvölkern vollziehen eines der Prinzipien – nämlich die Unterwerfung – in aller Deutlichkeit nach. Die ursprüngliche Initiation ist allerdings wesentlich früher im Leben eines Menschen zu vermuten: in der individuell vorgeschichtlichen Zeit. Im Grunde kommt wohl nur die Zeit unmittelbar nach der Geburt in Frage. Aus der psychologischen Forschung ist bekannt, dass frühe Trennungserfahrungen zu dramatischen traumatischen Erlebnissen bei Säuglingen führen. Bis zu einem Alter von etwa sechs Monaten kann der Säugling die gedankliche Vorwegnahme einer Zukunft noch nicht leisten. Wenn etwas aus seinem Blickfeld verschwunden ist, ist es für den Säugling endgültig fort. Das betrifft nicht nur Spielzeug, sondern auch Menschen. Auf ewig mutterseelenallein wird sich der Säugling fühlen, wenn es keinen Menschen spüren kann. Und ein solches Erlebnis wird dem menschlichen Säugling scheinbar gezielt zugefügt – im Unterschied zu Primatenkindern, die einen ununterbrochenen Körperkontakt bis zum eigenständigen Krabbeln erfahren. In den bisher vorliegenden Forschungsunterlagen zu Geburtsvorgängen taucht – von den Forschern manchmal nur nebenher notiert – immer ein Fortlegen, ein Isolieren des Säuglings für zumindest eine kurze Zeit statt. Auch in westlichen Kulturen wird das Kind etwa zum Wiegen aus dem Körperkontakt entfernt, denn um eine korrekte Wiegung zu ermöglichen, muss das Kind ruhig liegen und darf gerade nicht großflächig berührt werden. Und wie ernst das Feststellen des Geburtsgewichts genommen wird, lässt sich unschwer daran erkennen, dass es beinahe systematisch in den Geburtsanzeigen stolz erwähnt wird. Ein medizinischer Grund für diesen Vorgang lässt sich nicht erkennen.

Der Körperkontakt wird nach der Trennung zwar wieder aufgenommen, aber ein entscheidender Riss ist bereits in der Seele des Säuglings geschehen. Und so wie Alfred Adler (der Begründer der Individualpsychologie) es ausgedrückt hat, ist das Zärtlichkeitsbedürfnis (m.E. hier als das Bedürfnis nach Körperkontakt zu verstehen) "der Hebel der Erziehung".[107] Ein Säugling lebt von diesem Augenblick an unter der tödlichen Drohung des ausgestoßen-werdens und kann dem nur die totale Unterwerfung unter alle Anforderungen der Bezugspersonen entgegen setzen. Keinesfalls darf es auf einer sofortigen Erfüllung seiner Bedürfnisse bestehen, es muss lernen, sie etwa beim Toilettentraining zurückzuhalten bis zu einem für die Anderen passenden Moment. Hier lassen sich natürlich die Grundzüge der oben aufgeführten Prinzipien erkennen, die den ersten Bauern das Überleben ermöglicht haben (Zukunftsplanung und Bedürfnisaufschub). Das Expansionsprinzip scheint ein nachrangiges Erfordernis zu sein, es kann auch später noch in Konkurrenz- und Wettkampfspielen den Kindern nahe gebracht werden.

107 Adler, Alfred: Heilen und Bilden. München 1914/Frankfurt 1973. S. 64

Natürlich führt eine solche systematische Traumatisierung zu Folgeerscheinungen, die als weit verbreitete Versuche verstanden werden können, sich in einer zerstörten Seelenwelt doch noch zurecht zu finden. Depression etwa lässt sich unschwer als die Verzweiflung darüber beschreiben, dass der eingeschlagene Lebens-Weg nicht zum erhofften Ziel führt. Aggression ist nichts anderes als die Kernform, in der das Expansionsprinzip sichtbar wird. Auch andere als krankhaft bezeichnete menschliche Verhaltensweisen lassen sich unter diesem neuen Blickwinkel logisch nachvollziehen.

Wohl an vielen Stellen, wo Menschen an dem Verhalten (dem eigenen oder dem Anderer) verzweifeln, lassen sich unter dem hier gewählten Blickwinkel die scheinbaren Widersprüche auflösen und als logische Auswirkungen des Glücks-Begehrens erkennen. Suchtverhalten beispielsweise kann zwei Komponenten des Glücks-Begehrens enthalten. Zum einen besteht der Trost eines Rausches darin, dass er von dem mühseligen nüchternen Alltag ablenkt, zum anderen lässt diese spezielle Veränderung (deshalb wird genau sie immer wieder aufgesucht) für eine – viel zu kurze Zeit – einen Zipfel des Glücksgefühls erhaschen. Süchtig sind wir Menschen nicht nach der Droge, sondern nach dem Glück, dass uns dieser Rausch – zumindest zu Anfang – verspricht.

Menschen nehmen sich als unvollständig, unerfüllt wahr. Diesen als unangenehm erfahrenen Zustand versuchen sie mit allen möglichen und unmöglichen Verfahren zu ändern, sich zu runden, zu vervollständigen, ganz, heile zu machen.

Es gibt die unterschiedlichsten Methoden, die innere Leere auszufüllen – es wenigstens zu versuchen. Das Ziel bleibt immer, sich als eine vollständige, ganze Person zu erleben. Hier sind die Gemeinsamkeiten zwischen dem indischen Yogi, der einen Meditationskick sucht und dem Subway-Surfer, der einen Adrenalinkick bekommt, wenn sein Leben bedroht ist.

Zu vergessen, dass wir nicht rund sind oder das Loch in uns durch Ersatzstoffe auszufüllen, ist die Notstrategie, wenn das wahre, erfüllte Leben unerreichbar erscheint. Natürlich müssen Ersatzstoffe wenigstens Ähnlichkeiten mit dem wahren Stoff haben, um angenommen zu werden – so, wie Zuckeraustauschstoffe oder Kaffeeersatzsurrogat zumindest eine gewisse Ähnlichkeiten mit Zucker bzw. Kaffee haben müssen.

Kinder, die auf die Welt kommen, sind noch im klaren Besitz der Weisheit, dass sie Teil der ganzen Welt sind, eins mit allem und ungetrennt. Sie fühlen sich ganz, weil alles zu ihnen gehört und sie zu allem gehören.

Der als zwingend notwendig bezeichnete Entwicklungsschritt der erweiterten Abnabelung durch Trennungserfahrungen stellt den größten Schritt in der Vertreibung aus dem paradiesischen Zustand der Erfüllung dar. Auch, weil eine sofortige Rückkehr unmöglich scheint, werden die Kinder dann mit dem Flammenschwert der

Erziehung in eine Welt getrieben, in der sie dann den Erfüllungsversprechen der Lebensersatzdrogen ausgeliefert sind. Wer sich durch die eine Drogenhölle hindurch gekämpft hat, ist aber noch lange nicht gefeit gegen erneute Versuchungen – zu groß ist die innere Not und zu zahlreich sind die Versprechungen der falschen Propheten.

Wir werden also zwischen den als selbstverständlich empfundenen und tief verankerten Lebens-Ersatz-Vorstellungen und der ebenso tiefen Sehnsucht nach Ganzheit hin- und hergerissen, wir kämpfen einen Lebenskampf gegen uns selber.

10 Ausblick

Was müssen wir aus diesen Überlegungen schließen? Ist alles Streben vergebens und können wir uns nur im alltäglichen Erdulden von Unzulänglichkeiten einrichten? Was ist, wenn das Glück nicht (wieder) zu erreichen ist? Können wir uns dann unser Glücksbegehren abgewöhnen, wo es doch unerfüllbar zu sein scheint? Das hieße, es sich in einer Resignation gemütlich zu machen so weit es geht. Aber hier wird immer wieder doch das unbesiegbare Begehren locken und zwicken, werden schnell wieder Versprechen auf Erfüllung einsickern und den trägen Schlaf des halben Seins stören.

Kann es statt dessen eine Haltung geben, im klaren Wissen um die Unerreichbarkeit des Zieles dennoch auf dem Weg zu bleiben? Das wäre dann wohl wahres Heldentum: Es lässt die Spannung zu zwischen dem was sein muss, aber nicht sein kann, ohne zu verzweifeln. Hier gelingt dann vielleicht auch das Abschütteln der Verführer, die – aus eigener Verzweiflung – mir etwas andrehen wollen, von dem sie selber nur zu genau ahnen können, wie hohl es klingt.[108]

Mindestens kann vielleicht gelingen, eine milde Güte für die anderen neben mir verzweifelt Strebenden zu entwickeln – und für mich selbst. Ich kann sie in ihrem Sehnen umarmen, ohne mich von ihrem Weg blenden zu lassen, kann ihnen und mir die schmerzhaften Schläge vergeben, die wir in unserem Wüten austeilen. Und ich kann immer wieder versuchen, innezuhalten und mir die Frage vorlegen, ob es wirklich not-wendig ist, anderen und der Welt in der ich lebe, dieses Leid zuzumuten, dass ich gerade im Begriff bin, zu säen.

Ich kann auch denen, die auffallen mit ihrer Unangepasstheit, durch ihr „störendes" Verhalten (Drogenkonsum, Aggression, psychische Ver-störungen) den Stempel des „Falschen" wieder abwischen und sie zu dem erklären, was sie wohl wirklich sind: die Propheten der Wahrheit über unsere Krankheit, die wir Zivilisation nennen.

---

108 eine hervorragende - wenn auch anfangs schwer lesbare - Lektüre hierzu: Camus, Albert: Der Mythos des Sisyphos, Reinbek 2000

„Hinter allen psychischen Störungen", so schreibt Sloterdijk[109]: „... laufen alle Ursachen seelischen Unbehagens in einer einzigen Ursache zusammen, nämlich in dem Nachteil geboren zu sein. ... Psychotherapie hat mit Menschen zu tun, die daran leiden, dass sie den Sturz aus dem Mutterleib in den Spätkapitalismus verarbeiten müssen."

Depression wird als eine Volkskrankheit bezeichnet. Wenn wir einen Menschen erleben, der als depressiv bezeichnet wurde, möchten wir ihn gerne schütteln, möchten ihm zurufen, „raff Dich auf, reiß Dich zusammen". Dann vielleicht hören wir genauer hin und erfahren über ein Leben voller Anstrengungen und Entmutigungen. Und irgendwann könnte uns dämmern, dass eine solche depressive Reaktion mit fehlendem Antrieb, Lustlosigkeit, Verzweiflung und Überdruss möglicherweise eine ganz normale, logische Reaktion sein könnte – eine nur allzu verständliche Reaktion. Dazu hole ich kurz aus. Wenn wir in unserem Lebensschwung auf Schwierigkeiten stoßen, werden wir wohl meist zuerst versuchen, einfach weiter zu machen, als sei nichts passiert – vielleicht ist es ja nur eine kurze Irritation, die wir aussitzen können. Manchmal bekommen wir recht und es erledigt sich von alleine, wir müssen nichts tun. Wenn uns aber die Schwierigkeit hartnäckig erhalten bleibt, müssen wir aktiv werden – und das tun wir: mit allem was wir wissen und können. Meist werden

---

109 Sloterdijk, Peter: 10 kleine, teils freche, teil begründete Bemerkungen zum Komplex Philosophie, Psychologie und Existenz. Gruppenpsychotherapie und Gruppendynamik 22 (1986), S.257

wir Erfolg haben und unser Problem lösen. Was aber, wenn nicht? Wenn das Problem immer noch besteht, obwohl wir alles gegeben haben? Wir prüfen noch mal gründlich, ob wir etwas übersehen haben, probieren noch dies und das. Und wenn auch das nichts hilft? Was bleibt, wenn wir alles versucht haben und gescheitert sind? Dann stürzen wir ab. Wir ziehen uns zurück, lecken unsere Wunden, beklagen das grausame Schicksal und sammeln ganz langsam wieder Kraft. Und eventuell kommt jetzt – aus einer völlig unerwarteten Ecke – eine ganz neue Idee, eine komplett neue Sicht der Dinge, die alles verändert und unser Problem anders aussehen lässt.

Befragen wir jetzt den Depressiven, hören wir aber erst nichts von solchen Problemen. Es scheinen ganz normale Lebensläufe, die hier in die Leere gelaufen sind, es ist nichts außergewöhnliches erkennbar, was eine solche Verzweiflung zu rechtfertigen scheint.

Kann es – angesichts des oben dargestellten – nicht sein, dass dieses „normale" Leben schon ein völlig ausreichender Grund für jede Verzweiflung ist? Kann es nicht sein, dass das – durch den ganz normalen Lebenswahnsinn – so gründlich frustrierte Glücksbegehren der Grund für diese innere Not ist? Dann wären die als depressiv „krank" Abgestempelten nur ein kleines bißchen klarsichtiger als die „Gesunden", die noch mitten in ihrem Strampeln um das verlorene Glück sind. Die „Kranken" hätten es dann schlicht verstanden, dass die vorgeschlagenen und so lange eifrigst befolgten Glücksrezepte nicht funktionieren.

Die klassischen Therapien der Depression: Medikamente, die die empfundene Verzweiflung lindern[110], indem sie die Empfindungsfähigkeit insgesamt dämpfen und Psychotherapien, die zumeist darauf abzielen, erneut in Aktivitäten zu gehen – eigentlich aber dieselben, die doch vielleicht vorher als völlig sinnlos erkannt worden sind. Müsste ihnen nicht endlich jemand sagen, dass sie recht haben? Dass ihre Verzweiflung passend und angemessen ist? Dass es richtig ist, ihren Antrieb auszubremsen, der sie – mangels Alternativen – wieder zurück in den alten Trott locken möchte? Müsste ihnen nicht zugerufen werden: „Bleibt im Bett liegen, bis sich das Neue formt, das neue Bild einer Welt, in der es wieder Sinn macht, sich zu engagieren! Bleibt dabei extrem kritisch, lasst euch nicht einlullen von den alten oder neuen, falschen Versprechungen!"

Und die weisen Menschen, die Erleuchteten? Kann ich mich nicht an sie wenden, wenn ich mein Glück finden will? Aber hier droht die:

Guru-Falle

Da gibt es diesen Menschen, der auffällt. Er – oder sie – erscheint irgendwie gelassener, reifer, friedlicher, weiser,

---

110 Von denen perverserweise eigentlich alle genau die Symptome, die sie lindern sollen, als mögliche Nebenwirkungen wieder produzieren können – zumindest ein gutes Geschäft für die Pharmaindustrie

geradezu größer. Andere suchen seine (oder ihre) Nähe. Und dann kommen die Fragen. Wie ist er, ist sie dazu gekommen, wie haben sie es gemacht, so zu werden? Und die entscheidende, wesentliche, grundlegende Frage dahinter: Wie kann ich so werden wie Du? Der weise Mensch nun sieht das Elend und die Not, aus der die Fragenden sprechen, ahnt oder weiß, dass er/sie selbst woanders ist. Und weil der weise Mensch beinahe immer auch ein gütiger Mensch ist, wird er, wird sie versuchen zu helfen, so weit es geht.

Jetzt beginnt das Dilemma sich zuzuspitzen. Auf die Frage, wie werde ich wie Du, kann es doch eigentlich nur eine Antwort geben: „Lebe mein Leben, genauso, wie ich es gelebt habe, dann wirst Du – vielleicht – so wie ich." Nur zu genau ist dem weisen Menschen aber klar, dass dies völlig unmöglich ist. Mindestens ist der Fragende ja schon erwachsen, hat also die Gelegenheit verpasst, die Kindheit und Jugend des weisen Menschen zu kopieren.

Und nun schnappt die Falle zu. Müsste nicht der weise Mensch jeden Fragenden wieder wegschicken mit den Worten: „Es kann Dir hier niemand eine Abkürzung sagen. Finde es selbst heraus, so habe ich es auch gemacht" und sich wieder seinem Leben zuwenden? Und vermutlich werden dies weise und uneitle Menschen auch genauso sagen – und von ihnen hören und sehen wir dann nichts weiter in der Medienöffentlichkeit. Sie sind vielleicht der freundliche Busfahrer, der irgendwie immer gute Laune zu haben scheint oder die entspannte

Sekretärin, an deren Gelassenheit sich der ganze Betrieb aufrichtet.

Aber ist nicht auch der weise Mensch fast immer ein einsamer Mensch, gerade, weil er so viel weiser ist als die anderen? Und die Versuchung, sich in eine Gruppe von Menschen zu begeben, die pure Anerkennung ausstrahlen, Ehrerbietung oder Ehrfurcht, ist möglicherweise übermächtig.

Wir sehen wohl nur die Gurus, die in die Falle der Eitelkeit getappt sind. Ihnen bieten die Fragenden jetzt einen Guru-Deal an: „Gib Du uns die Abkürzung zur Erleuchtung und wir huldigen Dir dafür." Der neu ernannte Guru wird aber nicht liefern können, wir haben es oben gezeigt. Um jetzt nicht auf die schmeichelhafte Huldigung und die anderen Annehmlichkeiten des Guru-Daseins verzichten zu müssen, dreht der Guru den Spieß um. „Wenn ihr Fragenden sogar mich bei meiner Eitelkeit gepackt habt", so scheint die Annahme des Gurus, „dann kann ich euch damit erst recht zu packen kriegen. Ich kann euch keine Erleuchtung liefern, stattdessen gebe ich euch aber das Gefühl, jemand besonderer zu sein, genau, weil ihr mir huldigt. Und wenn ihr mir nur lange genug gehuldigt habt, wer weiß, vielleicht werdet ihr ja doch mit der Erleuchtung dafür belohnt." Und fertig ist das nächste Glücksversprechen.

Wie viel Zorn jetzt bei den Gurus und ihren Jüngern aufwallen wird! Und der Zorn wird umso größer sein, je fragiler der Glaube an dieses Glücksversprechen geworden ist. „Mein Meister kann kein Schwindler sein – sonst hätte ich mich ja um Jahre meines Lebens betrogen. Du bist ja nur neidisch auf unseren, den einzig richtigen Weg, Du Zweifler. Nur, weil Du vom Ego zerfressen bist, glaubst Du nicht, dass es Erlösung geben kann. Wenn Du Dich nur wirklich einlassen könntest, würdest Du anders reden." Und ich könnte nur entgegnen, dass sie völlig recht haben mit meinem Zweifeln – und dass gerade dies der Weg ist, auf dem ich versuche, meinem Glück am nächsten zu kommen. Denn natürlich kann auch ich mich nicht von meinem Glücksbegehren lösen (was für einen Unsinn hätte ich sonst bis hierhin geschrieben!). Ich bin ziemlich sicher, dass niemand ohne eine (vielleicht nur halb bewusste) Vorstellung von einem Weg zur Erfüllung überleben könnte. Wie sieht also mein eigenes, privates Glücksunternehmen aus? Wenn ich nur alles, was mir begegnet, genau auf seine Festigkeit prüfe, kann ich mir mit den Bausteinen, die meine kritische Prüfung bestanden haben, mein Haus des Glücks bauen, so scheint meine Devise zu lauten. Wenn ich nur frei und wach genug bin, kann ich den goldenen snitch[111] erkennen und zu packen kriegen, ist ein anderer Teil meines Glücks-Programms. Ob es funktioniert – ich weiss es nicht, werde es vielleicht auch erst erkennen, wenn meine letzte Stunde schlägt.

---

111 Rowling, Joanne K: Harry Potter. Im Quidditch-Spiel ist das Spiel zuende, wenn der goldene snitch gefangen ist – dann wird abgerechnet

11 Danksagung

Dieses Buch wäre nicht entstanden ohne die Unterstützung vieler Menschen. Jeder einzelne, der mir begegnet, ist auch eine Quelle der Inspiration. Jeder Mensch, der mit mir in einen tieferen Austausch gegangen ist, hat mich geprägt, mich mitgeformt, zu dem, der ich heute bin. Da ich größtenteils mit mir einverstanden bin, so wie ich jetzt bin, kann ich nur allen danken für ihren Beitrag, den sie dafür geleistet haben. Ich verneige mich vor der Weisheit des Schicksals, dass euch zu mir gesandt hat.

12 Über den Autor

Ich fand meine Weg in diese Welt als sehr neugieriges Kind mitten während der Kubakrise, wuchs auf, ging zur Schule, begann Tagebücher und Romananfänge zu schreiben, machte mein Abitur, schrieb Gedichte, begann Maschinenbau zu studieren, wurde schwer daran krank. Ich fand meine Leidenschaft, die Psychologie, und studierte sie ausgiebig, jobbte nebenbei als Aktmodell, Kinokartenabreißer, Kaufhausreinigungskraft und Kampfsportlehrer, schrieb weiter Gedichte und Kurzgeschichten. Seither verdiene ich mein Geld als Psychologe damit, anderen Menschen ihr Leben wieder ein bißchen erträglicher zu machen, schrieb nun auch Vorträge und Aufsätze. Viele Hobbies sind gekommen und wieder gegangen (Singen, Reiten, Fallschirmfliegen, Bogenschießen, Schwimmen, Bildhauern, Malen, Trommeln, Sprachenlernen, Theaterspielen, Tanztheater), geblieben ist die Neugier auf immer wieder Neues, das Tanzen und das Schreiben. Ich spreche drei Sprachen fließend, deutsch, englisch und Körpersprache, wohne zur Hälfte in einem verträumten Häuschen am Fluß und zur anderen Hälfte am Rande Berlins.